W0397605

Ce livre appartient à

ANNE-MARIE GAIGNARD

HUGO
et la machine à remonter les mots

UN CONTE POUR EN FINIR AVEC LES FAUTES D'ORTHOGRAPHE

Illustrations de François Saint Remy

leRobert

RESPONSABLE ÉDITORIALE : BÉRENGÈRE BAUCHER
ÉDITION : CHARLOTTE LEBOT
CORRECTION : CATHERINE LAINÉ
FABRICATION : STÉPHANIE PARLANGE
CRÉATION GRAPHIQUE : LAURIANE TIBERGHIEN

© Le Robert, 2020. 92 avenue de France – 75013 Paris.
ISBN : 978-2-32101-527-7
Tous droits de reproduction, de traduction et d'adaptation réservés pour tous pays.
N° d'éditeur : 10257925 – Dépôt légal : février 2020
Achevé d'imprimer en Espagne en janvier 2020 par Gráficas Estella

SOMMAIRE

Chers parents,

J'ai le plaisir de vous dévoiler dans cet ouvrage quelques-uns de mes secrets pour apprivoiser l'orthographe. En guise d'introduction, laissez-moi vous conter une petite histoire.

Tout commence avec Emmanuel, 11 ans. Depuis qu'il est arrivé au collège, ça se passe mal. Emmanuel est brillant et très intelligent, mais ses résultats sont en chute libre : l'ambiance familiale est tendue, surtout à l'heure des devoirs. L'orthographe, la grammaire et la conjugaison sont devenues pour lui de véritables ennemies et il a récemment décidé qu'il ne toucherait plus jamais un stylo. Peu avant Noël, sa mère me le confie pour que je l'aide.

Alors que je lui ouvre la porte pour le faire entrer et commencer notre première séance, sa posture en dit long : la tête rentrée dans les épaules, c'est à peine s'il lève les yeux vers moi en prononçant un faible : « Bonjour Anne-Marie. » Sans perdre de temps, nous nous mettons au travail. Je tente alors de lui expliquer la différence entre **ÊTRE** et **AVOIR** pour l'aider à les reconnaître facilement. Je lui parle de mon histoire, de mes difficultés à l'écrit et j'insiste pour qu'il comprenne que ces deux-là mènent la danse sur la planète de la grammaire française.

J'avais la sensation de lui faire grimper l'Everest avec une entorse. Au bout d'un moment, ne sachant plus trop comment l'aider, je lui ai demandé ce que je pouvais faire pour qu'il comprenne la mécanique de la grammaire. Et c'est tête baissée qu'il m'a répondu :

– S'il te plaît, Anne-Marie, raconte-moi une histoire.

Étonnée de cette demande, je lui réponds par un sourire. Son visage s'illumine. Je sais, à ce moment précis, que je ne vais pas fermer l'œil de la nuit et qu'il me faut trouver comment l'aider à sortir de cette impasse.

Avant Emmanuel, j'ai moi-même dû apprivoiser **ÊTRE** et **AVOIR**. À leur contact, j'ai rusé pour chercher tous les accords possibles, même les plus difficiles, et j'ai vite repéré que l'un des deux verbes était beaucoup plus aisé à utiliser que l'autre : l'auxiliaire **ÊTRE**. Avec lui, tout est simple. Alors qu'**AVOIR** est moins facile à manier. Il demande plus d'attention. Il faut être malin et patient avec lui. Souvent, il nous tend des pièges dans lesquels nous sommes quasiment tous tombés.

Alors, munie de mon stylo, de quelques feuilles de papier et d'une bonne dose d'imagination, je me suis lancée. Hugo, la petite fée Nina, le royaume des mots, les rois **ÊTRE** et **AVOIR**, et mon premier livre sont nés. L'objectif : faire voler en éclats les règles de grammaire classiques et les remplacer par des actions simples à effectuer à des endroits précis de la phrase. Depuis, cette méthode, infaillible, simple, rapide et efficace habite mes ouvrages.

L'histoire que vous allez découvrir est un véritable trésor pour aider votre enfant. Grâce à la mécanique implacable de la machine à remonter les mots et aux habitants du royaume des mots (Madame **VIRGULE**, Monsieur **ET** ou encore les quadruplés Minuscules), il découvrira une nouvelle méthode de relecture en remontant mot après mot dans la phrase, du **POINT** jusqu'à la **MAJUSCULE**. Ainsi, il comprendra enfin ce qui lui paraissait insurmontable et se sentira en confiance pour se relire. Embarquez donc avec Hugo et la fée Nina pour en finir avec les fautes d'orthographe !

Merci infiniment pour la confiance que vous accordez à mon travail. Bonne lecture !

Anne-Marie Gaignard

CHAPITRE 1

Le rêve d'Hugo

Novembre est arrivé sans faire de bruit, se dit Hugo, le front collé à la fenêtre de sa chambre. Il déteste ce mois où la pluie et le froid font leur apparition sans prévenir !

Ce vendredi s'annonce maussade. Le gris du ciel reflète le moral en berne de notre petit héros. Il n'aime pas que les jours raccourcissent : c'est le signe que l'automne a fait son nid et que l'hiver ne tardera pas à pointer le bout de son nez...

La mélancolie d'Hugo est renforcée par le rouge feu des quelques feuilles qui tentent désespérément de rester accrochées aux arbres. Beaucoup jonchent déjà les trottoirs humides. Il sait pourtant que la nature est bien faite et que les arbres ont un rythme bien à eux. La chute des feuilles fait partie de la vie ! La maîtresse leur a expliqué que les arbres se mettent au ralenti par nécessité : les feuilles étant de grosses consommatrices d'énergie, elles tombent à l'automne pour permettre aux arbres de préserver leur sève et de mieux affronter l'hiver.

Hugo est resté cloué au lit pendant trois jours et trois nuits. Une grippe l'a terrassé. Julien, son meilleur ami, a lui aussi été bien malade. D'un certain côté, ce congé forcé a bien plu à Hugo. Il n'allait pas à l'école et pouvait dormir autant qu'il le voulait. Il sent que, dès demain, il sera guéri et pourra sortir marcher de bon cœur sur le tapis de feuilles mortes. Chaque automne, c'est un rituel. Il adore les entendre crisser sous ses pieds.

Soudain, un bruit de moteur, tel un ronflement sourd qui se rapproche, le tire de sa rêverie. Hugo ouvre la fenêtre de sa chambre et se penche pour voir ce qu'il se passe : un homme, visiblement employé de la ville, tient entre ses mains un drôle d'engin. Il souffle bruyamment les feuilles mortes qui se retrouvent alors en petits tas, puis l'engin souffleur se met à aspirer les feuilles.

Hugo n'en revient pas et ronchonne après cet engin de malheur : il doit faire une croix sur sa sortie feuilles mortes. Déçu, il referme la fenêtre et se couche sur son lit. Il se laisse alors envahir par ses pensées : « Ah, si seulement j'avais une machine aussi efficace pour souffler mes fautes d'orthographe et les aspirer ! »

Il sourit et se dit qu'un jour, il sera ingénieur et inventera un engin qui relira ses phrases et effacera toutes ses fautes les unes après les autres : Hugo a énormément progressé en orthographe mais il sait qu'il laisse encore trop de fautes traîner dans ses phrases.

Et si ma grippe avait du bon ? pense-t-il.

Et si j'en profitais pour tenter d'entrer en contact avec Nina ? dit-il tout haut.

Il y a quelques années, Hugo a eu la chance de partir en voyage avec la fée Nina. Il a fait connaissance avec les deux rois **ÊTRE** et **AVOIR**, qui vivent dans le royaume des mots. Chaque fois qu'il parvenait à accorder correctement les participes passés, Nina lui offrait une clé.

Il a ainsi reçu quatre clés. La dernière avait des pouvoirs magiques. Nina lui avait fait promettre de ne jamais s'en séparer et de bien la cacher dans un tiroir secret. Hugo l'avait alors camouflée dans le vieux meuble de cuisine de ses grands-parents, depuis longtemps relégué au grenier.

En souriant, il se souvient que, la dernière fois qu'ils se sont vus, Nina lui a promis qu'elle serait toujours là pour lui :

– Hugo, si un jour tu as besoin de moi, sors la clé magique que je t'ai remise dans le royaume des mots et je viendrai à ton secours. Il te suffira de souffler très fort dessus, trois fois de suite, et je serai automatiquement prévenue.

Ni une ni deux, Hugo enfile ses chaussons, met un pull-over sur ses épaules et part en expédition en direction du grenier.

Ce n'est pas sans un pincement au cœur qu'Hugo ouvre le coffret poussiéreux et saisit avec délicatesse la quatrième clé, dorée à la poussière d'étoiles. Il prend sa respiration et souffle trois fois dessus de toutes ses forces. Il attend. Son cœur bat la chamade. Nina va-t-elle arriver, virevoltant au-dessus de sa tête, heureuse de le retrouver ?

Mais le temps passe. Hugo regarde sa montre. Cela doit bien faire quinze minutes maintenant. Nina n'est pas au rendez-vous. Elle n'a pas répondu à son appel.

Hugo a très envie de rester quelques minutes de plus, mais il est frigorifié. Triste, anxieux, et surtout très déçu de ce rendez-vous manqué, il décide que, ce soir, il ne descendra pas dîner en famille. Sa grippe aura bon dos et ses parents n'y verront que du feu.

Hugo s'engouffre dans son lit et attend que le sommeil le gagne. Il est 19 heures en ce vendredi de novembre, mois de tristesse et de mélancolie. Mais Hugo est loin d'imaginer ce qui se passe à des kilomètres de chez lui.

CHAPITRE 2

La planète Gaïlaya

Nina, notre petite fée, se repose d'un voyage lointain qui l'a épuisée. Mais cela ne lui ressemble pas de rester à ne rien faire et d'attendre que le temps passe... Voici déjà quelques lunes qu'elle s'ennuie. Elle guette un nouveau message sur son écran magique. Elle est tellement impatiente de repartir en mission ! Dans ces moments-là, elle aime se rappeler celles qu'elle a accomplies avec succès.

Soudain, elle sursaute. Son écran magique vient de s'allumer. Elle adore recevoir des messages, surtout lorsque c'est le central des fées qui lui écrit pour lui confier une nouvelle mission. Elle virevolte de joie.

Un message plus long que d'habitude apparaît à l'écran :

Nina,

Hugo vient de souffler sur sa quatrième clé. Il demande votre aide. Nous sommes dans l'obligation de mettre sa demande en attente : avant d'intervenir, vous allez devoir effectuer d'urgence un voyage sur Gaïlaya.

Un examen vous attend. Nous espérons que vous serez reçue brillamment.

Nina est surprise. Elle appuie sur le bouton **PARLER**.

– Mais que se passe-t-il ? De quel examen me parlez-vous ? dit-elle d'un ton un peu sec.

L'engin crépite avant de se rallumer :

Vous allez passer votre permis de conduire en vitesse accélérée.

– Mon permis de conduire, répète Nina, effrayée par la nouvelle qui vient de tomber. Mais c'est impossible, je n'y arriverai jamais. Les Terriens sont parfois de vrais dangers publics au volant. Ils roulent très vite. Non, non et non ! Je ne veux pas !

Pourtant, Nina adore se rendre sur Gaïlaya, cette petite planète invisible depuis la Terre. Elle l'appelle aussi « la planète du savoir ». Gaïlaya est formée de six faces, huit sommets et douze arêtes. C'est toujours sur son septième sommet qu'elle se rend. C'est là-bas qu'elle apprend tout ce qu'elle peut sur la planète Terre. Notre petite fée est ainsi devenue une spécialiste de la pensée humaine.

Mais cette mission lui semble dangereuse et plus compliquée que d'habitude. Nina déteste les machines. Elles lui font peur et l'apprentissage technique n'est vraiment pas ce qu'elle préfère.

Le bip de sa messagerie retentit et l'écran magique se rallume :

Nous vous programmons pour un départ immédiat.

– Non, non, non... Attendez, s'il vous plaît ! s'écrie Nina. Ne me demandez pas cela. Vous savez bien que je déteste tout ce qui est technique ou technologique !

Programme S4 : compte à rebours lancé ! Préparez-vous au départ.

Nina est dans un état de panique générale. Elle appuie désespérément sur le bouton **PARLER** mais n'entend plus que de vagues crépitements.

Elle n'a plus d'autre choix que de s'asseoir et d'attendre le décollage. Elle ferme les yeux, retient sa respiration. Elle espère juste que son corps est suffisamment préparé pour ce grand voyage.

Gaïlaya est loin, tellement loin...

Nina le sent, tout son corps se met à vibrer, sa tête lui fait mal. Telle une petite boule de feu, la fée vient de décoller et se déplace déjà à la vitesse de la lumière. Elle se demande pourquoi Hugo fait appel à elle. Cela fait si longtemps qu'elle n'a plus eu de ses nouvelles.

Elle n'a pas le temps de réfléchir plus longtemps, elle vient d'atterrir tout en douceur sur le septième sommet de Gaïlaya. L'atmosphère y est agréable et, ouf !, son petit corps de fée a tenu le coup.

C'est parti, se dit-elle en se levant et en sortant de son vaisseau... Je vais passer mon permis de conduire et peut-être mourir demain sur une autoroute où les véhicules des Terriens atteignent parfois les deux cents kilomètres à l'heure ! Moi, conduire... Non, mission impossible.

Un sifflement lui perce alors les oreilles. C'est le signal d'une autre arrivée. Nina regarde autour d'elle. Un point lumineux est en approche.

Mais qui peut atterrir ici ? se demande-t-elle, les deux mains plaquées sur les oreilles. C'est la première fois depuis des lunes et des lunes que je croise quelqu'un sur ce sommet.

L'engin se pose à deux pas de la petite fée, qui est curieuse de voir qui va se présenter à elle. Après quelques minutes, personne n'est encore descendu du véhicule.

– Eh oh ! Il y a quelqu'un ? crie-t-elle très fort.

Aucune réponse. Elle entend seulement le bruit de l'ouverture d'une porte. Ne voyant personne descendre, elle s'approche à petits pas.

– Montez à bord, lui ordonne une voix artificielle.

Nina est surprise de cet accueil. Surtout, elle ne se voit pas prendre les commandes de cet engin. Elle ne sait même pas où elle doit se rendre !

– Alors, vous montez ?

Nina s'exécute. Trois petits sauts et hop ! la voilà à bord du mystérieux véhicule. Pas de volant, pas de pédales, pas de pare-brise, juste un siège posé là, au beau milieu de l'engin.

– Où suis-je ?

– Asseyez-vous, je vous prie.

Nina s'installe dans le fauteuil et attend.

– Êtes-vous prête pour ce nouveau défi ?

– Je n'en suis pas certaine…

– Allons, regardez !

Le plancher s'ouvre et laisse apparaître une vitre translucide. Nina est subjuguée par ce qu'elle voit. Hugo est là, assis à sa table de classe. La maîtresse s'adresse à lui :

– Tu ne t'es pas relu, Hugo, tu n'as pas fait attention !

Hugo baisse la tête.

– Si, Madame, je me suis relu trois fois.

– Eh bien, tu as encore oublié tous les accords du pluriel !

– Madame, je me relis et je ne vois pas mes erreurs. Mon cerveau doit tourner trop vite.

– Oh ! Ton cerveau va trop vite ?!, s'exclame-t-elle devant toute la classe. Vous avez entendu, les enfants ? Hugo, tu dois changer ça pour la grande dictée qui arrive !

Silence. Les camarades d'Hugo ne bronchent pas. Nina est triste de voir son ami dans cette situation.

– Stop ! crie-t-elle. Arrêtez cette projection immédiatement.

Le plancher recouvre à nouveau le sol de l'engin.

– Je suis ravie de votre réaction, Nina. Je n'en attendais pas moins de vous, dit la voix robotique. Vous comprenez pourquoi vous êtes là ?

– Je commence à comprendre. Hugo a des soucis.

– C'est exact. Et… ? répond la voix.

– Je dois l'aider.

– Oui, mais comment allez-vous faire ?

Silence. Le petit cœur de Nina s'emballe. Là, dans l'instant, elle n'a pas de réponse. Il lui faut réfléchir, et vite !

CHAPITRE 3

Machine arrière, toute !

La voix robotique reprend : Nina, si vous êtes ici, c'est pour comprendre que la relecture n'est pas une tâche facile pour un enfant. Hugo dit qu'il se relit. C'est vrai, mais, malheureusement, il ne le fait pas de la bonne façon.

– Hugo se relit de gauche à droite, mais il survole ce qu'il a écrit, n'est-ce pas ?

– Oui, Hugo survole ses phrases. Et c'est pire encore quand ce sont des phrases dont il est l'auteur. Cela fait trop longtemps qu'il se relit automatiquement. Il faut absolument l'aider car il ne sait malheureusement pas faire autrement.

Nina commence à comprendre. Son petit sourcil droit se lève.

– Vous m'avez fait venir jusqu'ici pour supprimer la relec…

– Pas exactement, Nina, vous êtes ici pour apprendre à Hugo à mettre de côté cette phase de relecture de gauche à droite, qui ne lui sert strictement à rien. Il survole, il va trop vite et il est tout à fait capable d'avoir écrit **les chat…** et ne pas voir qu'il manque un **s**. Vous devez lui apprendre à se relire autrement : en marche arrière.

– En marche arrière ? l'interrompt Nina.

– Oui, c'est la clé de la réussite pour Hugo ! En marche arrière, il lira **chat**, puis verra **les** et il comprendra immédiatement qu'il manque le **s** à **chats** et se corrigera.

– Je crois que je comprends mieux ce que vous attendez de moi, commente Nina.

– Vous êtes venue sur Gaïlaya pour apprendre à conduire. Nous allons commencer dans quelques minutes. Vous allez devoir apprendre, vous aussi, à relire en marche arrière. C'est simple, il faut partir du **POINT** et remonter la phrase jusqu'à la **MAJUSCULE**. Quand Hugo aura découvert cette technique de marche arrière, il pourra se relire efficacement.

L'engin se met à bouger légèrement et une ceinture, sortie de nulle part, sangle Nina sur son siège. Au sifflement qui reprend, la petite fée comprend qu'elle va décoller. Par le petit hublot translucide, elle devine que l'engin volant quitte le septième sommet. Mais où l'emmène-t-on ?

Une large bande couleur sable fait son apparition. Elle ne ressemble en rien aux pistes d'atterrissage que Nina a déjà pu voir sur la Terre. Rectangulaire et parcourue sur toute sa longueur de lignes droites qui se démarquent nettement, elle lui fait penser à une partition musicale ou un cahier d'écolier. Nina aperçoit alors un drôle d'objet. Elle en distingue déjà quatre énormes roues, un minuscule siège de pilotage et deux phares allumés qui semblent lui sourire.

Pourvu que je ne sois pas obligée d'apprendre la conduite sur cet engin de malheur, espère-t-elle.

Nina vient d'atterrir et sa ceinture se détache automatiquement. Intriguée, la petite fée se lève et sort de l'engin volant. Une belle surprise l'attend : Luciole ! Cette femme sans âge, Nina l'a déjà rencontrée sur la planète bleue. Elle se tient bien droite avec un sourire radieux. Ses longs cheveux roux sont retenus par un bandeau d'or et son sceptre est surmonté d'une boule translucide.

– Très heureuse de vous accueillir sur Gaïlaya, Nina. J'ai été missionnée en urgence pour vous apprendre à manier une machine indispensable au bien-être d'Hugo. Son fonctionnement est relativement simple. J'ai l'immense honneur de vous présenter la machine à remonter les mots.

– La machine à quoi ? s'étonne Nina.

– Oui, oui, vous avez bien entendu. Il s'agit d'un engin extraordinaire. Conçu pour enjamber les mots, il permet d'effectuer une lecture différente des phrases. Elles sont vues du dessus et le tout se passe en marche arrière.

– Ah ! Nous y voilà ! s'exclame Nina.

– Eh oui ! Machine arrière, toute ! comme dirait un capitaine de bateau.

– Mais pourquoi m'inflige-t-on une mission aussi spéciale ? La conduite me fait peur et si je dois en plus rouler en sens inverse, alors là, je ne réponds plus de rien, réplique Nina, quelque peu découragée.

– Votre ami Hugo vous a appelée à l'aide car il a des difficultés. Il a progressé grâce à vous, Nina : son orthographe s'est nettement améliorée depuis son passage aux royaumes des rois **ÊTRE** et **AVOIR**. Il avait alors réussi à y apprivoiser la grammaire et avait rencontré en personne les deux rois qui lui avaient appris à réaliser les bons accords. Hugo sait faire maintenant, mais je crois qu'il manque d'un petit entraînement supplémentaire pour savoir se relire. Il sait qu'il en est capable mais il veut trop faire comme les autres, être dans les temps et ne pas se faire remarquer. Faites-moi confiance et suivez-moi. Le temps presse.

Nina baisse légèrement la tête et suit Luciole.

– Sortez votre baguette magique et ordonnez-lui d'inscrire une phrase simple sur une des lignes du rectangle de sable.

Nina se concentre et cherche une phrase qu'Hugo pourrait écrire. Elle frotte les deux petites bosses de son front et ferme les yeux. Alors qu'elle agite sa baguette, ses lèvres bougent mais aucun son n'en sort. Puis, un premier mot, formé de poussière noire, apparaît sur le sol, puis un autre, et encore un autre.

Sans plus attendre, Luciole appelle la fameuse machine qui vient se coller auprès d'elle en silence.

– Et voici ! La phrase est écrite, annonce Nina.

Nina, petite fée passionné..., adore voyagé....

– Parfait, parfait, Nina ! Cette phrase convient parfaitement pour notre premier essai de conduite. Mais je veux d'abord vous montrer tout ce que cette machine peut faire : ici, vous avez un tuyau qui aspire toutes les fautes et les envoie virevolter dans l'espace. Ainsi, le rêve d'Hugo se réalisera. Là, vous avez une trappe avec une loupe pour grossir les mots dits « dangereux ». En dessous, une caméra grossit l'ensemble de la phrase. Cette trappe à gauche contient trois **STOP** obligatoires, et celle-ci les différents accords.

Nina est épatée. Plus elle en apprend sur la machine, plus son stress fond comme neige au soleil. Pressée d'en savoir plus, elle agite ses petits pieds et se pose délicatement sur le siège de pilotage.

– Prête, Nina ? Allez, n'ayez crainte !

Et Luciole lui indique le tableau de bord :

– Il vous suffira d'appuyer là, précise-t-elle en indiquant les boutons autour du volant. En cas de besoin, les trappes s'ouvriront à votre demande. Devant votre siège, vous trouverez l'écran qui affiche la phrase.

L'écran s'allume :

Écoutez bien les consignes qui vont suivre.

Les boutons du tableau de bord

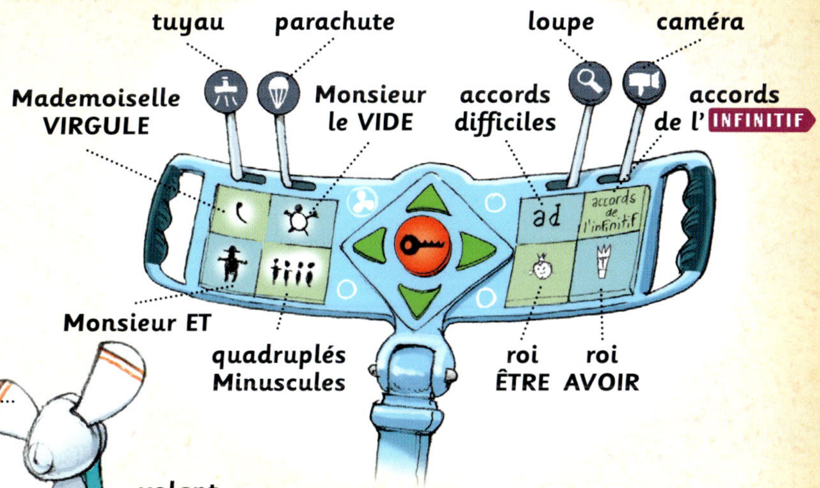

La machine

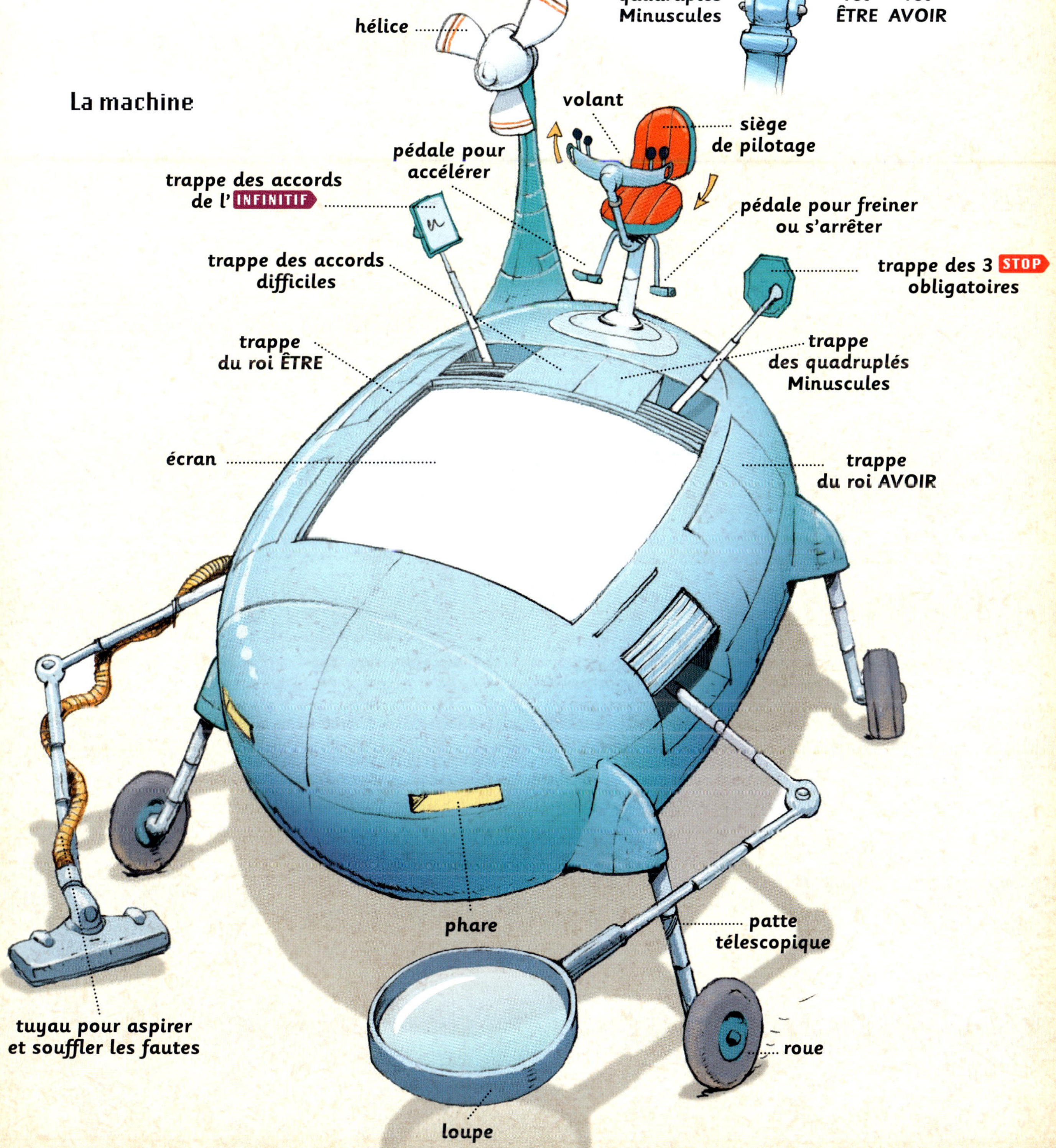

– Ma première fonction est de reculer dans la phrase en partant du **POINT** pour remonter jusqu'à la **MAJUSCULE**, dit la machine. Êtes-vous prête ?

– Oui, répond Nina.

– Puisque vous êtes la fée de l'orthographe et de la grammaire, votre première mission est de détecter les erreurs dans la phrase.

Nina s'exécute et jette un rapide coup d'œil à Luciole, qui lui fait un signe de tête pour la rassurer.

– Bienvenue dans mon programme « Marche arrière », lui signale la machine, qui se dirige seule vers le **POINT**.

Nina sent son pied droit se soulever légèrement.

– Voici la pédale pour accélérer, indique la machine. Sous votre pied gauche, celle pour freiner et s'arrêter. Vous l'utiliserez beaucoup. Le levier sur votre droite actionne la caméra qui survole les mots. Le volant vous permet de vous diriger. Ah, j'oubliais ! Je suis programmée pour me placer toute seule sur le **POINT** final. Essayons.

Nina tremble. L'engin se met en marche et se place, comme promis, à la fin de la phrase.

Nina, petite fée passionné..., adore voyagé....

– Allez, Nina, appuyez légèrement sur la pédale de droite et tenez bon le volant.

La petite fée découvre alors la phrase complète vue du dessus.

– Dans une phrase que l'on relit à l'envers, le Code de la route de l'orthographe et de la grammaire oblige à s'arrêter sur tous les mots qui finissent par les sons **é**, **i** ou **u** indique la machine. Une fois à la fin du mot, vous devez reculer dans la phrase pour chercher de l'aide : c'est-à-dire qu'il vous faut toujours chercher **ÊTRE** ou **AVOIR**. Simple, non ?

La machine n'attend pas de réponse. Elle se replace au niveau du **POINT**. Nina appuie alors sur l'accélérateur et la machine recule de nouveau.

Mais, alors que Nina n'a touché à aucun des boutons, la machine s'arrête sous le **é** de **voyagé…**. La petite fée appuie sur la pédale pour chercher de l'aide. Va-t-elle trouver **ÊTRE** ou **AVOIR** ? Pas encore, visiblement, elle s'arrête sur **adore**.

– Celui-là, c'est un verbe, j'en suis certaine. Je peux le conjuguer : **Hugo adore les bonbons**.

Elle revient donc sur **voyagé…**.

– Lui aussi, c'est un verbe ! Ah ! je me souviens, dit-elle, quand deux verbes sortent ensemble dans la phrase, le plus près du **POINT** s'écrit toujours à l'**INFINITIF** !

Elle demande l'ouverture de la trappe des accords et un **r** vient se coller à la fin de **voyager**. Le tuyau de l'aspirateur se met à souffler des étoiles ! Cela signifie que Nina a gagné ! Elle recule encore dans la phrase et s'arrête sous **adore**.

– Facile, dit-elle, pour savoir quel est le sujet et comment accorder **recule**, il suffit que je demande **Qui est-ce qui adore ?** C'est **Nina** ! Ha ha ha ! je peux dire aussi **elle adore**, alors lui, je laisse **adore** tranquille, il est correct. Et hop ! Je recule.

Une trappe s'ouvre automatiquement. Un **STOP** apparaît au-dessus de la **VIRGULE**. Nina est coincée, elle a beau appuyer sur la pédale, rien ne se produit.

– Ouh là là, mais que se passe-t-il ? demande Nina à la machine.

– Doucement, doucement. Vous avez une **VIRGULE** qui est le premier **STOP** obligatoire, vous ne pourrez la passer que si tout est bon depuis le **POINT**. Il faut donc appliquer les règles du Code de la route de l'orthographe et de la grammaire. Imaginez que vous êtes en ville. La circulation est dense et vous devez traverser la route. Qu'allez-vous faire ?

– Je vais regarder si un ou plusieurs véhicules arrivent par la droite puis par la gauche.

– Bon réflexe, Nina ! Ici, vous devez vérifier que tout est exact dans la phrase depuis le **POINT**.

Nina vérifie. Tout est bon. Le **STOP** rentre dans sa trappe et la machine redémarre avant de s'arrêter sous le **é** de **passionné...**. Nina appuie sur l'accélérateur pour continuer sa relecture mais la machine s'arrête à nouveau ! La petite fée, surprise, manque de basculer en avant et de se retrouver les quatre fers en l'air sur la piste.

– Dans le Code de la route de l'orthographe et de la grammaire, une **VIRGULE** vous oblige aussi à vous arrêter et à poser la question magique **Qui est-ce qui ?** Maintenant que vous êtes consciente du danger, continuez votre marche arrière et cherchez de l'aide.

Nina et la machine viennent de passer une première **VIRGULE**. Nina scrute l'écran et se prépare : une autre **VIRGULE** l'attend. À peine a-t-elle le temps de penser à ce qu'elle va devoir faire que le **STOP** est de retour.

– Vous êtes à nouveau coincée à un STOP. Posez-vous la question : **Qui est-ce qui est passionné... ?**

– Facile ! C'est **la petite fée**.

Nina attrape la télécommande et fait jaillir un **e** qui se colle à la fin de **passionnée**.

Elle est folle de joie, et la machine, qui fait des petits bons, aussi. Une pluie d'étoiles sort à nouveau du tuyau. Nina sait que cette machine aidera Hugo. Et elle le connaît bien, il va l'adorer.

L'écran s'allume et Nina a le plaisir de voir sa première phrase réparée grâce à la machine :

Nina, petite fée passionnée, adore voyager.

Les deux petits phares de la machine clignotent en vert. Nina jette un coup d'œil à son écran et lit :

Vous avez réussi vos deux premières épreuves :
« habiller un verbe avec la marque de l'INFINITIF »
(entraîne-toi p. 24-25) et « Qui est-ce qui... ? ».

Une nouvelle phrase apparaît. Nina, un peu plus à l'aise, est prête à recommencer pour la troisième épreuve. Finalement, elle adore conduire. Elle se positionne sous le **POINT** et appuie sur l'accélérateur.

Soulagé..., Nina recule doucement.

L'écran grossit la phrase. Nina recule et voit le mot **doucement** bien écrit. «**Recule**, c'est un verbe», se dit-elle. Elle ralentit et s'interroge : «**Qui est-ce qui recule ?** C'est bien moi, **Nina (elle)**, singulier, donc **recule** est juste.» Elle passe sur son prénom et anticipe la **VIRGULE**. Elle ouvre la trappe des trois STOP et la machine franchit la **VIRGULE**.

J'HABILLE UN VERBE À L'INFINITIF

CONSIGNE : LORSQUE DANS MA MARCHE ARRIÈRE, JE TROUVE UN VERBE QUI SE TERMINE PAR LE SON É, JE RECULE POUR CHERCHER DE L'AIDE.

1. **Nous allons commencé... tout de suite.**
2. **Nina sent son pied droit se soulevé... légèrement.**
3. **Je vais regardé... si tout va bien.**
4. **Nina sait parfaitement manié... la machine.**
5. **Maintenant, je comprends comment habillé... un verbe dans son costume d' INFINITIF.**

Règle d'or

Si je ne trouve pas ni ÊTRE ni AVOIR, alors je sais que le verbe ou parfois les verbes qui seront près du POINT, seront automatiquement à l' INFINITIF. Ça marche à tous les coups !

EXERCICE 1

RÉPONSES

1 **Nous allons commencer tout de suite.**

Le plus près du **POINT** = toujours **INFINITIF** → commencer.

2 **Nina sent son pied droit se soulever légèrement.**

Le plus près du **POINT** = toujours **INFINITIF** → se soulever.

3 **Je vais regarder si tout va bien.**

Le plus près du **POINT** = toujours **INFINITIF** → regarder.

4 **Nina sait parfaitement manier la machine.**

Le plus près du **POINT** = toujours **INFINITIF** → manier.

5 **Maintenant, je comprends comment habiller un verbe dans son costume d'INFINITIF.**

Le plus près du **POINT** = toujours **INFINITIF** → habiller.

CHAPITRE 4

Un saut dans le vide !

Hugo vient de se réveiller. Immédiatement, il repense à Nina et une larme coule sur sa joue. Il se sent abandonné, et est sûr de rater la prochaine dictée. Il se tourne et se retourne dans son lit, quand il sent quelque chose avec son pied droit. Il se glisse au fond du lit et cherche à tâtons ce que cela peut bien être. Sa main droite rencontre un objet froid. Hugo le reconnaît tout de suite : c'est la clé ! Il est pourtant certain de l'avoir reposée dans son coffret d'origine. Son cœur se met à battre la chamade. Si la clé est dans son lit, c'est que Nina a entendu son appel mais n'a pas pu faire mieux que de lui adresser ce signe. Pour Hugo, c'est un soulagement : la petite fée va venir l'aider, c'est certain. La clé serrée contre lui, il se rendort, heureux.

– Comment vas-tu ce matin ? demande sa mère en l'embrassant sur le front alors qu'il est encore dans son lit.

– Je vais mieux, répond Hugo d'une petite voix qui en dit long.

– Humm ! Je n'aime pas te voir comme cela, intervient son père en s'avançant vers lui. Ta mère et moi sommes inquiets.

– Que se passe-t-il, Hugo ? Tu dois nous le dire, reprend son père. Depuis quelques jours, nous te voyons de plus en plus triste. Je ne crois pas une seconde à une rechute de ta maladie. Cette nuit, ta mère s'est levée pour voir si tu allais mieux et tu n'avais plus de fièvre.

Hugo se tourne vers la fenêtre.

– Hugo ?

Il prend une grande inspiration et se lance.

– J'ai peur. Voilà, c'est dit, vous le savez maintenant. Alors fichez-moi la paix.

Ses parents échangent un regard rapide et Hugo sent bien qu'il va falloir qu'il s'explique.

– Nous ne bougerons pas d'ici tant que tu ne nous auras pas raconté ce qui te tracasse, Hugo, rétorque sa mère. Nous sommes là pour t'aider et nous sommes capables de tout entendre.

– Non ! Pas ce que j'ai à vous dire.

– Bien sûr que si, renchérit son père.

Un long silence s'installe puis Hugo envoie valser sa couette, se lève et attrape son cartable dont il sort un cahier.

– Voilà ! Regardez ce qui est écrit et vous comprendrez que je n'ai plus envie d'aller à l'école. J'en ai vraiment ras la casquette !

Il tourne les talons et s'enfuit vers la salle de bains. Lentement, sa mère ouvre le cahier et tourne les pages. Ses yeux s'emplissent de larmes. Il y a du rouge partout :

> **Tu ne t'es pas relu, Hugo ! Attention !**
> **Cette dictée a été préparée. Pourtant, le résultat est absolument catastrophique !**
> **Hugo, si tu ne te reprends pas, le passage au collège sera inenvisageable.**

Choquée, elle fait tomber le cahier des malheurs de son fils. Se ressaisissant, elle le ramasse et quitte la chambre après avoir fait signe à son mari de la suivre.

De la salle de bains, Hugo les entend parler dans l'escalier.

– Ce n'est pas possible qu'il en soit arrivé là. Nous devons absolument l'aider.

– Comment faire ? demande son père.

– Nous allons trouver une solution. Il le faut, rétorque sa mère.

Hugo est soulagé. Ses parents ne sont pas fâchés. Un petit sourire se dessine sur ses lèvres. Il sait, lui, qui va pouvoir le sortir de là. Il doit être patient. Elle va venir, c'est certain. À pas de loup, il retourne dans sa chambre. Ses parents ne lui ont pas demandé de se préparer pour l'école. Il attrape une feuille de son agenda et écrit :

Je vous demandent pardon
à tout les deux.
Hugo

Il fait un petit avion avec la feuille et, du haut de l'escalier, l'envoie de toutes ses forces. L'avion atterrit sur le parquet. En le jetant, Hugo a fait un vœu : « Nina, je t'en supplie, dépêche-toi de venir m'aider. Je ne pourrai pas gagner plus de temps. »

Pour aujourd'hui, il a compris que ses parents le laisseront tranquille. Sa mère a posé un jour de congé. Hugo ne sera donc pas seul à la maison. Comment va-t-il s'y prendre si Nina décide enfin de faire son apparition ?

Pendant ce temps, sur Gaïlaya, Nina est toujours aux commandes de la machine.

Soulagé..., Nina recule doucement.

Elle freine en appuyant à fond sur la pédale. La machine s'arrête net sous le **é** de **soulagé...**. Encore un peu et c'était la chute. Mais la machine est devenue incontrôlable. Elle recule encore et plonge dans le **VIDE** avec Nina.

– Au secours ! crie Nina dans sa folle descente. Aidez-moi !

À cet instant, quatre pieds télescopiques amortissent la machine en douceur. Nina est décoiffée, son cœur bat vite, elle n'arrive plus à respirer.

– Du calme, Nina, du calme, tout va bien, lui signale une drôle de petite bonne femme.

– Mais qui êtes-vous ?

– Je suis Mademoiselle **VIRGULE**, voyons. Je vous salue bien bas. Je vis dans les phrases et permet aux lecteurs de respirer. Je sers aussi à mettre les mots en évidence. Mon rôle est essentiel. J'ai une sœur jumelle : quand nous sommes ensemble dans les phrases, nous formons un bloc qui vit tout seul. Il faut absolument penser à nous repérer et nous poser les bonnes questions. Là, vous êtes tombée chez mon cousin germain : Monsieur le **VIDE**, qui est le deuxième **STOP** obligatoire. Il nous arrive fréquemment d'être ensemble dans les phrases et vous venez de l'apprendre à vos dépens. Nina, à l'avenir, quand vous vous approcherez du **VIDE**, appuyez de toutes vos forces sur le bouton **PARACHUTE**, regardez, il est là sur le tableau de bord et, plutôt que d'avoir une grosse frayeur, posez-vous la question **Qui est-ce qui ?** Allez, essayons :

VIDE **Soulagé..., Nina recule doucement.**

Nina, encore toute tremblante, revient sur le **é** de **soulagé...**.

– **Qui est-ce qui est soulagé...** ? C'est moi, **Nina**, répond-elle.

– Alors, alors, que faites-vous ? lui demande Mademoiselle **VIRGULE**.

– Je suis une fée, c'est féminin, donc je mets un **e** à **soulagée** et je suis toute seule, alors pas de pluriel.

Les deux phares de la machine clignotent en vitesse accélérée. Nina a parfaitement corrigé la phrase.

Soulagée, Nina recule doucement.

La petite fée ne peut pas la voir du fond de son ravin, mais Luciole est folle de joie. Elle est certaine que, désormais, Nina se méfiera du **VIDE** et que, pour ne pas y tomber, elle criera **Qui est-ce qui ?** La réponse lui viendra automatiquement car, en bonne petite fée de l'orthographe qu'elle est, elle sait que derrière une **VIRGULE** et le **VIDE**, c'est bien le roi **ÊTRE** qui se cache (entraîne-toi p.32-35).

Luciole voit les pieds télescopiques de la machine apparaître l'un après l'autre. Et dessus, Nina ! Encore un peu secouée par l'aventure, notre petite fée affiche tout de même un large sourire.

– Bravo ! Bravo, Nina ! s'écrie Luciole.

Nina ne le sait pas encore, mais elle n'a pour l'instant découvert que deux des trois **STOP** obligatoires du Code de la route de l'orthographe et de la grammaire. D'ailleurs, elle ne va pas tarder à faire la connaissance d'un drôle de personnage...

À MOI DE GAGNER !

DEUXIÈME STOP OBLIGATOIRE, LE PLUS DIFFICILE : MONSIEUR LE VIDE

CONSIGNE : COMME LA MACHINE, J'APPRENDS À RECULER DU POINT À LA MAJUSCULE ET À M'ARRÊTER SUR TOUS LES MOTS POUR ME CORRIGER EN MARCHE ARRIÈRE.

1. **Encouragé... par Luciole, Nina conduit doucement.**
2. **Ravi... du résultat, elle s'endort vite.**
3. **Les grains doré..., qui ressemblent à du sable, sont magnifique...**
4. **Accroché... à la paroi, la machine va plongé...**
5. **Surélevé... sur ses quatre pieds, la machine ressemble à un gros crabe.**

Règle d'or

Lorsque dans ma marche arrière, je n'ai trouvé ni **ÊTRE** ni **AVOIR**, pour m'aider, il est possible que je doive remonter jusqu'à la majuscule du début de ma phrase. Il s'agit alors d'une opération délicate : il va falloir éviter de tomber dans le **VIDE**. Pour cela, c'est simple, il faut poser la question **Qui est-ce qui ?**

EXERCICE 2

RÉPONSES

1 VIDE **Encouragée par Luciole, Nina conduit doucement.**

Je recule en partant du **POINT**. *Je m'intéresse maintenant aux autres mots. Le premier mot, c'est* **doucement**. *Petit conseil : il faut toujours chercher si, à l'intérieur du mot, il en existe un plus court que l'on connaît déjà. Ici c'est* **douce**, *il suffit de rajouter* **-ment**.

Ensuite, vient **conduit**. *Je conduis, tu conduis… C'est un verbe.* **Qui est-ce qui ?** *est la question obligatoire pour habiller les verbes correctement.* **Nina (elle) conduit**, *je conserve le* **t**.

Je passe **Nina**, *je passe la* **VIRGULE**, *tout est bon depuis le* **POINT**.

Je passe **Luciole** *et le petit mot* **par**, *qui n'a rien à voir avec le verbe* **partir**.

J'arrive sur le **é** *de* **encouragé…**. *Je recule et hop ! je tombe dans le* **VIDE**. *Pour éviter le* **VIDE**, *je pose la question* **Qui est-ce qui est encouragé… ?** *La réponse est* **Nina**. *Je mets un* **e** *à* **encouragée**.

2 VIDE **Ravie du résultat, elle s'endort vite.**

Je recule en partant du **POINT**. **Vite**, *c'est facile, il s'écrit comme on l'entend.*

S'endort, *c'est un verbe, alors je pose la question* **Qui est-ce qui s'endort ?** *Réponse :* **Nina**. **Elle**, *c'est bon, je passe la* **VIRGULE**, *tout est juste depuis le* **POINT**.

Résultat, *il prend un* **t** *au bout (pour s'en souvenir, on peut penser au* **t** *du* **tableau** *où sont inscrits les* **résultats** *d'un match de volley, par exemple).* **Du**, *il est bon aussi.*

J'arrive à **ravi….** *Je recule et hop ! je vois le* **VIDE**. *Pour ne pas tomber dedans, je pose la question* **Qui est-ce qui est ravi… ?** *La réponse est* **elle (la fée)**. *Donc je pose un* **e** *à la fin de* **ravie**.

3 **VIDE** **Les grains dorés, qui ressemblent à du sable, sont magnifiques.**

Je recule en partant du **POINT**.

Magnifique..., *je recule, je trouve* **sont**, *c'est* **ÊTRE**. **Qui est-ce qui sont magnifique... ?** *Réponse :* **les grains**, *c'est un pluriel. J'ajoute donc le* **s** *à* **magnifiques**.

Je passe la **VIRGULE**, **sable** *et* **du**, *ils sont bons.*

à, *ce n'est pas* **avoir**, *alors je lui laisse sa casquette (son accent) sur la tête.*

Ressemblent, *ça, c'est un verbe, donc je pose la question* **Qui est-ce qui ressemble à du sable ?** *Ce sont* **les grains**, *un pluriel, donc je laisse* **ent** *à* **ressemblent**.

Qui *c'est bon. J'arrive sur la* **VIRGULE**, *je vérifie que tout est bon avant et je la franchis.*

Doré..., *je recule, je vois* **grains** *et je vois* **les**. *Je recule encore et je vois le* **VIDE**. *Pour ne pas tomber dans le* **VIDE**, *je pose la question* **Qui est-ce qui sont doré... ?** *La réponse est* **les grains**, *il faut donc que j'ajoute un* **s** *à* **dorés** *puisque* **grains** *est au pluriel !*

4 **VIDE** **Accrochée à la paroi, la machine va plonger.**

Plongé..., *c'est un verbe, je recule, je trouve* **va**, *c'est un autre verbe, donc je dois mettre l'* **INFINITIF** *au verbe qui est le plus près du* **POINT** *: j'ajoute* **er** *à* **plonger**.

La machine, *c'est bon. Je m'arrête à la* **VIRGULE** *pour vérifier que tout est correct puis je tombe sur* **la paroi**, *c'est bon aussi.* **à**, *ce n'est pas* **AVOIR**, *je lui laisse sa casquette.*

Accroché.... *Pour ne pas tomber dans le* **VIDE**, *je demande* **Qui est-ce qui est accroché... ?** *C'est* **la machine**, *alors je pose un* **e** *à la fin de* **accrochée**.

EXERCICE 2

5 **VIDE** **Surélevée sur ses quatre pieds,**

la machine ressemble à un gros crabe.

Bravo ! Je vois que tu commences à comprendre tout l'intérêt de faire marche arrière !

CHAPITRE 5

Drôle de petit personnage

Luciole et Nina font une pause. Luciole a préparé une mixture dont elle seule connaît le secret. Assises par terre, aux pieds de la machine à remonter les mots, les deux amies discutent.

Nina se confie à Luciole.

– Je dois aller sur Terre. Je ne peux pas attendre plus longtemps pour aider Hugo, mais l'opération que j'ai menée cette nuit m'a complètement épuisée.

– Quelle opération ? lui demande Luciole.

– J'ai dû utiliser un pouvoir très spécial pour déplacer un objet. J'ai réussi, mais ma baguette magique me tombe des mains.

– Buvez ceci, Nina, et tout ira bien.

Nina s'exécute. L'élixir est plutôt agréable et il la requinque en quelques secondes. Il était temps car à peine a-t-elle fini de boire la potion qu'une nouvelle phrase apparaît sur le sable.

Hugo et Nina seront ravi... de se revoir.

Nina est heureuse de se remettre au travail. Elle virevolte au-dessus de la phrase. De son côté, la machine est prête à repartir et se positionne sous le **POINT**. Nina prend place et commence à remonter dans la phrase. Elle franchit sans encombre **revoir**, **se** puis **de** et arrive sur **ravi...**.

Elle décide d'accélérer car elle a vu **seront** plus avant dans la phrase. Grosse erreur ! La machine stoppe brutalement !

– Ouh là là, se dit Nina, qu'est-ce qui se passe encore ?

– Bonjour, petite fée !

Nina sursaute et se penche sur la gauche de la machine.

Un tout petit bonhomme avec un drôle de chapeau sur la tête lui fait des grands signes.

– Je ne peux pas vous laisser aller plus loin sans me présenter, dit-il. Je suis Monsieur **ET**. J'ai un rôle très important dans le Code de la route de l'orthographe et de la grammaire.

Il s'agite, tourne sur lui-même, siffle un coup et sort de la poche de son costume un signe que Nina reconnaît. Il s'agit du **+**.

– Je suis le troisième **STOP** obligatoire et…

– Et… ?

– J'y viens, petite fée. Et ce n'est pas tout… Vous devez être prudente. Il m'arrive fréquemment de me glisser entre deux personnes, deux objets ou deux idées. Regardez !

Il sort de la poche de son costume magnifique un **+** et du bout de son pied, écrit sur le sable :

Hugo et Nina seront ravi... de se revoir.

Nina étudie de nouveau la phrase et parvient cette fois à reculer sur **seront**. Elle respire et dit tout haut :

– **Hugo et Nina seront**. C'est bien **ÊTRE** qui est là, alors je vais sur le **i** de **ravi...** et je pose la question : **Qui est-ce qui seront ravi... de se revoir ? Hugo et Nina** ! Puisqu'ils sont deux, c'est un pluriel, alors, cher Monsieur PLUS, je mets un **s** à **ravis**. Et voilà, la phrase est correcte !

Hugo et Nina seront ravis de se revoir.

– Permettez-moi de vous reprendre, chère Nina : je suis Monsieur **ET**, pas Monsieur PLUS !

Avec cette nouvelle information sur le Code de la route de l'orthographe et de la grammaire, Nina se sent plus forte (entraîne-toi p.41-43). Une nouvelle phrase s'inscrit soudain sur le sable.

Il est quinze heures passé....

Son contenu la surprend. Sur la planète Gaïlaya, l'heure ne compte pas. Immédiatement, elle pense à Hugo. Et si c'était l'heure de leur rendez-vous sur Terre ? Nina se place sur le **é** de **passé** puis recule pour chercher de l'aide. Elle n'a qu'une idée en tête, trouver **ÊTRE** ou **AVOIR**. Elle s'arrête sous **heures** et s'interroge tout haut :

– **Qui est-ce qui sont passé... ?** Les **quinze heures**.

Elle déclenche l'ouverture de la trappe. Un bras télescopique en sort et tend un **e**, un **s**, et un tiret – (signe qu'il n'y a pas d'accord à faire) sur un plateau. Nina prend le **e** pour **heure** (féminin) et le **s** pour les **quinze heures** puis les ajoute à **passées**.

Il est quinze heures passées.

Nina passe ensuite à **est**, c'est le roi **ÊTRE**, et le salue.

Hugo et
ont ravis

– **Qui est-ce qui est ?** lui demande-t-elle.

– **Il**, lui répond le roi.

– Alors, c'est correct.

Il est quinze heures passées.

Soudain, Nina est éjectée de son siège. Elle fonce tout droit vers la Terre ! Elle avait raison : c'est bien l'heure qui a été fixée pour ses retrouvailles avec Hugo. Forte de tout ce qu'elle a appris, la petite fée, se réjouit de retrouver son ami.

EXERCICE 3

LES DEUX AUTRES STOPS OBLIGATOIRES : MADEMOISELLE VIRGULE ET MONSIEUR ET

CONSIGNE : JE LIS LA PHRASE DE GAUCHE À DROITE, JE LA COMPRENDS. PUIS JE ME CORRIGE EN RELISANT DU POINT VERS LA MAJUSCULE.

1 La fée Nina range... sa baguette magique et ses chaussure... abîmé...

2 Hugo est arrivé..., après l'heure fixé... par Nina, complètement essoufflé....

3 Nina, perdu... dans ses pensées et installé... au volant, ne voit pas le stop.

CONSIGNE : LES PHRASES CI-DESSOUS SONT CORRECTES. JE LES RECOPIE DANS UN CAHIER ET JE TROUVE OÙ ÉTAIENT LES DIFFICULTÉS. POUR RÉPONDRE, JE FAIS UN SCHÉMA !

4 Le roi AVOIR et la reine des mots, complices, adorent Hugo.

5 D'abord surpris par la machine, les enfants sont maintenant rassurés et convaincus de son pouvoir.

Règle d'or

Eh oui ! Même en marche-arrière, **les STOP sont obligatoires**. Vous aussi, comme Nina, êtes en train de passer votre permis de conduire de la grammaire. Ici, soyez prudents avec **Mademoiselle VIRGULE et Monsieur ET.**

RÉPONSES

1 La fée Nina range sa baguette magique et ses chaussures abîmées.

Je recule en partant du **POINT**. *Je trouve le* **é** *de* **abîmé...**. *Je recule pour chercher de l'aide, je trouve* **chaussure...** *puis* **ses**. *Ce sont les siennes donc pour écrire* **ses** *je pense juste à mettre* **s** *au début. Je mets un* **s** *à* **chaussures**.

Je recule encore, je trouve **et**, *je marque le* STOP. *Je pose la question* **Qui est-ce qui sont abîmé... ?** *La réponse est* **ses chaussures**. *Je mets donc un* **e** *et un* **s** *à* **abîmées**.

Je recule et je trouve **magique**, *puis* **baguette**, *puis* **sa**, *et je m'arrête sur le* **e** *de* **range...**. **Qui est-ce qui range... ?** *Réponse :* **la fée Nina**, *c'est singulier : je conserve* **range** *tel quel.*

2 Hugo est arrivé, après l'heure fixée par Nina, complètement essoufflé.

Je recule en partant du **POINT**. *Je trouve* **essoufflé...**, *je cherche de l'aide. Je trouve une* **VIRGULE**. STOP **! Qui est-ce qui est essoufflé... ?**

Attention ! Ici, je dois bien comprendre le sens de la phrase. J'ai le droit de la relire comme d'habitude avant de répondre ensuite à la question **Qui est-ce qui est essoufflé... ?** *Je vois que c'est* **Hugo** *qui est essoufflé et pas Nina. Il faut donc conserver* **essoufflé**.

Je recule, j'arrive à **complètement**. *Ici, je dois chercher le mot le plus court que je connais pour écrire ce mot correctement. C'est le mot* **complet**, *il ne me reste plus qu'à écrire la fin qui est* **-ement**, *en faisant bien attention d'ajouter l'accent grave sur le premier* **e**.

Je peux passer la **VIRGULE**, *je trouve* **Nina**, **par**, *et je m'arrête sur le* **é** *de* **fixé...**. *Je recule pour chercher de l'aide et là, une petite* **VIRGULE** *! Voici donc la deuxième demoiselle qui est là. Pour sortir de mon* STOP, *je me demande* **Qui est-ce qui est fixé... ?** *Facile, c'est* **l'heure**, *donc je mets un* **e** *à* **fixée**.

Voilà le mot **arrivé...**, *je recule, je trouve* **ÊTRE** *et là, je pose la fameuse question* **Qui est-ce qui est arrivé... ?** *C'est Hugo. Je laisse donc* **arrivé** *comme il est.*

EXERCICE 3

STOP

3 Nina, perdue dans ses pensées et installée au volant, ne voit pas le stop.

+

MAINTENANT, C'EST À MOI DE SCHÉMATISER. LES PHRASES CI-DESSOUS SONT JUSTES, JE LES RECOPIE DANS UN CAHIER, PUIS JE PARS DU POINT EN MARCHE ARRIÈRE ET JE TROUVE LES STOP.

STOP STOP STOP

4 Le roi AVOIR et la reine des mots, complices, adorent Hugo.

+

STOP

5 D'abord surpris par la machine, les enfants sont maintenant rassurés

STOP

+

et convaincus de son pouvoir.

CHAPITRE 6

Les retrouvailles

Nina, ébouriffée par la vitesse du voyage intergalactique, se pose à quelques mètres de la maison d'Hugo. Elle se recoiffe et vérifie que sa baguette magique est toujours en état de marche. Elle a mené son enquête : Hugo n'est pas seul chez lui. Sa mère est là.

– Un, deux et trois, compte-t-elle tout haut, activation de mon programme « Invisibilité ».

Elle s'engouffre par le trou de la serrure de la porte d'entrée. Ni une, ni deux, elle évite de justesse la maman d'Hugo, qui sort du salon mais qui ne peut pas la voir et se retrouve en haut des escaliers.

Hugo, seul dans sa chambre, ne pense qu'à une chose : pourvu que Nina vienne. Elle seule peut l'aider à sortir de cette galère.

Tout à coup, son corps se met à frissonner et sa tête à bourdonner. Il s'assoit sur le bord de son lit, place ses deux mains devant ses yeux. Quelques secondes suffisent à ce qu'il se sente mieux. Ouvrant les yeux, il découvre la petite fée, assise sur son bureau, ses deux petites jambes dans le vide. Hugo laisse éclater sa joie.

– Hugo, mon ami ! Me voici enfin à tes côtés. Je suis si heureuse de te retrouver. Que tu as grandi ! Que tu es devenu un beau garçon !

Hugo sourit et baisse la tête.

– Nous n'avons pas beaucoup de temps. J'ai activé un programme « Sieste obligatoire ». Ta maman devrait dormir deux petites heures.

Hugo regarde sa montre. Il est 15 h 05. Il vient de comprendre sa légère fatigue. Nina était tout simplement en approche.

– Avant tout, Hugo, je dois te dire que je suis très fière de toi. Tu as vraiment bien progressé dans toutes les matières. Oui, ton point faible reste l'orthographe mais rappelle-toi l'essentiel : tu as énormément progressé. Je t'ai vu en classe grâce à mon écran magique. Pas simple du tout ce que tu vis, Hugo, n'est-ce pas ?

– Oh ! Je n'en peux plus ! Les appréciations de la maîtresse me rendent malade. Il faut que tu m'aides. L'an prochain, ce sera le collège et je n'ai pas envie d'être catalogué comme le nul de service. Mais j'ai vraiment un gros problème : lorsque j'ai terminé d'écrire, je me relis comme tout le monde. Et je m'applique, je te le jure, Nina, mais, ce qui est bizarre, c'est que je suis certain que je pourrais retrouver mes erreurs, mais seulement quelques heures plus tard. En classe, il faut que ce soit tout de suite. Et ça, je n'y arrive pas.

– Intéressant ce que tu me dis là, répond la petite fée.

– Nina, j'ai l'impression que lorsque je me relis, je ne fais que survoler les mots. Je n'arrive pas à voir là où j'ai laissé des erreurs. Et tu sais que j'en sème quand même beaucoup !

– J'ai une solution pour toi, je ne suis pas venue les mains vides.

Nina active sa baguette magique et fait apparaître un drôle d'objet.

– Approche, Hugo, c'est pour toi.

– Qu'est-ce que c'est que ce drôle d'engin ?

– Tu brûles en parlant d'un engin. Regarde, il n'est pas plus long qu'un stylo et prévu pour rentrer dans ta trousse.

– Je dirais que c'est plutôt une sorte de mini-ballon de rugby, ou de gros cigare, commente Hugo.

– Oui, c'est exactement cela, reprend Nina. Un cigare ovale !

Ils éclatent de rire. Puis Nina plonge la main dans la poche de sa robe et en sort une manette.

– Nina ! Toi, la fée de l'orthographe et de la grammaire, tu me donnes une console de jeux ! s'exclame Hugo.

– Attend d'en savoir plus, répond-elle. Regarde bien. Chaque bouton a une fonction précise : le premier, au-dessus de l'écran, à gauche, sert à aspirer puis à souffler.

Hugo ouvre de grands yeux.

– Le deuxième, à droite, est utile pour souligner.

Hugo se frotte la tête.

– Souligner quoi, Nina ?

– Hugo, un peu de patience, tu vas bientôt le savoir. Puis les cinq boutons en bas ouvrent des trappes où des lettres te seront servies sur un plateau.

Là, Hugo bascule à la renverse.

– Servies sur un plateau ? demande-t-il à Nina en se relevant. Je bous d'impatience. Alors, il est où ce jeu de folie ? demande Hugo.

À cet instant précis, Nina transforme le tapis au pied du lit d'Hugo en tableau magique.

– Ça commence ! s'exclame-t-elle.

Elle attrape l'objet et le pose délicatement sur le sol. Un petit coup de baguette magique et le mot qu'Hugo a écrit à ses parents sur l'avion en papier s'affiche sur le tableau.

Je vous demandent... pardon à tout... les deux.

– Maintenant, Hugo, appuie sur le bouton **DÉMARRER**, s'il te plaît.

L'écran de la manette vient de s'allumer. Hugo, à genoux, est de plus en plus impatient. Il regarde, sans en perdre une miette, les deux petits phares éclairés. Mais ce qui lui plaît le plus, c'est de voir sortir de l'engin, un tuyau, quatre pattes télescopiques avec des roues et une hélice arrière.

– Hugo, j'ai le grand honneur, le plaisir immense, de te présenter ton rêve d'enfant ! Cet engin, comme tu le dis, s'appelle la machine à remonter les mots. Allez, vas-y, fais-la avancer.

– Mais comment ?

– Voyons, sers-toi de la manette !

Hugo a compris : il met en route la machine et la dirige au début de la phrase, au-dessus de la **MAJUSCULE**.

– Pas mal pour une première leçon de conduite, tu te débrouilles très bien. Ta maîtresse ne te croit pas quand tu affirmes t'être relu, n'est-ce pas ?

– Non, elle pense que je rêve, que je fais autre chose, mais c'est faux ! Tu crois, Nina, que j'ai envie de laisser plein d'erreurs ? Pff !

– Je sais, Hugo, que tu te relis. Je sais aussi que cela te rend triste et je vais t'aider. Tu dois d'abord comprendre que relire en marche avant ne fonctionne pas bien pour toi.

Hugo ouvre de grands yeux étonnés.

– La relecture peut aussi se faire à l'envers et bientôt, grâce à cette technique, tu seras le petit garçon le plus heureux de la Terre !

– Me relire à l'envers ? Tu es certaine Nina ?

– Oui, fais-moi confiance, tu verras, ça marche très bien.

– J'ai confiance en toi ! Merci, ma Nina adorée ! dit-il en lui déposant un bisou sur la joue.

Elle sourit et le regarde faire. Hugo dirige maintenant la machine en direction du **POINT**.

– C'est chouette, dit-il, l'écran grossit tout.

Je vous demandent… pardon à tout… les deux.

– Maintenant que la machine est bien positionnée au-dessus du **POINT**, recule.

La machine passe le mot **deux**. Hugo sait qu'il est correct puisqu'il peut dire **deuxième**, il prend bien un **x** à la fin. Il franchit ensuite **les**, arrive au mot **tout...** et stoppe la machine.

– J'ai un doute, Nina.

– Appuie sur le bouton de gauche sur la manette. Tu verras bien ce qui va se passer.

Hugo appuie et sursaute. La machine vient d'aspirer le **t** de **tou...** ! Hugo est émerveillé ! Il se jette alors dans les bras de Nina, qui manque de basculer vers l'arrière.

– Tu es la meilleure de toutes les fées de l'univers. Comment tu as su que j'en rêvais ?

– Ah ! Hugo, tu me connais, j'ai mes petits secrets.

Notre héros est fou de joie. Son rêve s'est réalisé.

– Mais, Nina, je ne peux pas laisser **tou...** écrit ainsi. Maman m'a dit que, quand je croise **tou...**, je dois poser la question **Tou... c'est quoi ? Tou... c'est qui ?** Quand je pose la question ici, je trouve **vous** et **les** : alors **tou...** c'est plusieurs personnes. Maman m'a aussi appris que, si la réponse à la question c'est plusieurs (comme dans **Tous les matins**), je dois mettre un **s**. Mais, si **tou...** ce n'est qu'une seule personne, qu'une seule chose ou que cela veut dire **en entier**, **complètement** (comme dans **J'ai mangé tout le chocolat**), je dois mettre un **t**. Donc ici, je dois mettre un **s**.

Manette à la main, Hugo appuie sur le bouton qui ouvre la trappe des accords et choisit le **s** que le bras télescopique attrape et pose au bout de **tous**. Les phares de la machine passent au vert. C'est bon !

Je vous demandent... pardon à tous les deux.

Hugo trouve cette machine fabuleuse et c'est de bon cœur qu'il continue sa marche arrière sur le **à**. Notre petit héros sait qu'il est correct. Il a le petit signe sur la tête qui le différencie d'**AVOIR**.

Je vous demande pardon à tous les deux.
DINO

– Nous reviendrons sur le **à**, Hugo. Il est correct, tu as raison. Mais il va falloir que je te représente assez vite ses trois très bons copains. Il y a **de**, **pour** et **sans**. Quand les quatre copains sont réunis, ils se font appeler les : **À DEUX %** ! Tu les avais vus dans le royaume des mots. Ils escortent les verbes. Ils t'aideront souvent. Allez ! Le temps passe vite et ta maman devrait se réveiller dans une trentaine de minutes. Hugo, continue en direction de la **MAJUSCULE**.

– Le mot **pardon** est bon. Il est simple celui-là, chuchote notre héros.

Il arrive à **demandent...** et ne peut que constater que l'aspirateur vient d'avaler le **e**, le **n** et le **t**. Il s'amuse de voir les trois lettres passer dans le tuyau et se transformer en poussière d'étoiles.

– Nina, j'adore cette machine et, en plus, je découvre que je peux tout à fait me relire en reculant. Sais-tu pourquoi ? Tout simplement parce que je prends chaque mot, seul. Je lui donne donc une tout autre importance. Je ne m'occupe que de lui.

Hugo reprend sa relecture.

– Humm ! J'ai déjà vu **demandent...** écrit comme ça et je m'apprêtais à lui poser la question **Qui est-ce qui demandent... ?** Mais la machine a été plus rapide que moi et a tout aspiré. La réponse est **je** et **demande** doit s'écrire ainsi, dit-il à Nina, un léger sourire aux lèvres : **je demande**.

Demande passe au vert et Nina constate avec bonheur qu'Hugo a adopté la machine à remonter les mots. Elle a toujours su qu'il était un garçon malin et très courageux. Discrètement, elle claque des doigts et hop ! elle disparaît. Hugo, toujours très attentif à sa marche arrière, ne s'est pas encore rendu compte que Nina s'était envolée. Il termine en passant le **vous** et le **je** et contemple sa phrase correcte.

Je vous demande pardon à tous les deux.

Lorsqu'il relève la tête, il comprend que Nina a filé. Mais elle lui a laissé cette fabuleuse machine... et le petit avion en papier avec la phrase corrigée dessus !

CHAPITRE 7

L'arrivée surprise des quadruplés Minuscules

Hugo et ses parents sont assis à table. C'est la fin du dîner et Hugo n'a pas cessé de regarder l'avion de papier. Sa mère l'a déposé devant l'assiette de son père. Mais celui-ci n'a pas daigné le déplier. Hugo est triste et cela se voit. Au moment où il obtient le feu vert pour quitter la table et monter se coucher, son père l'arrête.

– Qu'est-ce que c'est que ça, Hugo ? demande-t-il en dépliant le petit avion. Alors, comme cela, plutôt que de réviser, tu te passionnes pour l'origami ?

– L'oriquoi ? demande Hugo.

– L'origami. C'est l'art du pliage du papier.

Son père relève la tête et affiche un franc sourire. Hugo et sa mère, qui guettaient sa réaction, sont rassurés.

– Bravo ! Je crois bien que c'est le premier petit mot, écrit de ta main, qui ne comporte aucune erreur. Je savais bien qu'avec un peu de temps, tu finirais par y arriver.

– Alors chéri, rassuré ? lui demande la mère d'Hugo.

Son père se lève et le prend dans ses bras.

– Évidemment que je suis rassuré. Allez, file, Hugo. Il se fait tard. Demain, école et finie la grippe !

Hugo grimpe quatre à quatre l'escalier, s'engouffre dans sa chambre et se laisse tomber sur son lit, les bras en croix.

– Enfin ! je me sens mieux. Ah ! si Nina n'était pas venue à mon secours, j'étais foutu ! L'évaluation approche. Sans son aide, c'est certain, je l'aurais loupée. J'espère que vendredi, tout se passera pour le mieux. Maintenant, je peux y croire, pense-t-il.

Comme Hugo ne ferme jamais ses volets, la chambre est baignée par la lumière de la rue. Il jette un coup d'œil sous son lit : la machine à remonter les mots s'est endormie. Heureux, il s'enfourne sous sa couette et s'endort.

Nina, elle, veille depuis un petit moment sur le bord de la fenêtre. Elle donne le signal.

– Allez, hop, hop, hop ! Entrez, les amis.

Un petit coup de baguette magique et la fenêtre de la chambre d'Hugo s'ouvre.

Un, puis deux, puis trois et enfin quatre minuscules personnages atterrissent sur le parquet de la chambre d'Hugo. Plus tôt, Nina n'a pas eu d'autre choix que de filer : elle devait mettre la main sur les quatre compères et les convaincre de venir chez son ami. Après quelques négociations et un vote à main levée, ils se sont décidés à la suivre.

– Chut ! Maintenant, c'est silence complet, leur intime-t-elle. Elle les adore mais elle doit en permanence leur dire de ne pas papoter.

Un petit coup de baguette et la machine se réveille. Un second et le tapis devient un tableau magique.

– Hugo, Hugo, réveille-toi !

– Humm…

– Hugo ?

Les yeux encore fermés, Hugo se met à bouger. Puis, d'un coup, le voilà assis dans son lit.

– Que se passe-t-il ? Y'a quelqu'un dans ma chambre ?

– Bonsoir, Hugo.

– Nina ! Tu es revenue ?

– Je t'avais promis que je te parlerai de mes amis, les inséparables quadruplés Minuscules. Regarde, ils sont là !

Notre héros saute de son lit et aperçoit les quatre petits personnages. Pieds nus, il s'avance vers eux et retrouve avec plaisir sa machine à leurs côtés. Tous feux allumés, elle lui a même fait un petit clin d'œil, Hugo en est sûr.

Il salue les Minuscules un par un. Il se souvient de les avoir déjà croisés. Tous les quatre sont vêtus d'un même costume rehaussé d'une jolie broderie fluorescente qui permet de les identifier : **À**, **DE**, **POUR**, **SANS**.

Les quadruplés se placent en ligne au-dessus de la phrase.

– Nous n'avons que peu de temps, Hugo. Tu dois être prêt pour l'évaluation, annonce Nina.

– Ah ! je ne pense qu'à cela, répond-il.

– Avant de commencer, je vais activer un programme « Récupération de sommeil ». Ainsi, quand nous partirons, le jour pointera son nez, mais toi, tu seras en pleine forme !

Hugo, habitué aux méthodes originales de Nina, se laisse faire. Il est rapidement entouré d'un halo de fumée, entend quelques mots prononcés par Nina et hop ! le voilà à genoux devant une longue phrase qui vient d'apparaître sur le tapis.

À force de travaillé... pour surmonté... ses difficulté..., Hugo, sans hésité..., décide de joué... avec les mots.

– Mais où sont passés les quadruplés ? demande Hugo.

– À leur place, dans une trappe de la machine. Tu es prêt, Hugo ?

– Oui, Nina.

La machine vient se placer, phares allumés, au-dessus du **POINT** et Hugo, rodé depuis peu à son maniement, enclenche la marche arrière.

– **Mots** avec un **s** à cause de **les**, je passe ; **avec** est bon.

Il s'arrête au **é** de **joué...**. Comme d'habitude, il recule pour chercher de l'aide. Il trouve **de**. Lui, c'est un des quatre compagnons de Nina, pense-t-il.

– Je dois mettre **er** quand je trouve un des quatre copains, c'est bien cela ?

Nina acquiesce, alors Hugo appuie sur le bouton des **QUADRUPLÉS MINUSCULES**. Le Minuscule **DE** apparaît sur le plateau et lui montre un petit panneau **INFINITIF**. Hugo réfléchit : il a le choix entre **é**, **z** ou **r**. Il confirme son choix et le bras télescopique change le **é** en **e** et dépose un **r** au bout de **jouer**. C'est bon, les phares sont passés au vert !

À force de travaillé... pour surmonté... ses difficulté..., Hugo, sans hésité..., décide de jouer avec les mots.

– Bien ! Je recule jusqu'à **décide**, dit Hugo qui réfléchit tout haut. Facile, c'est le verbe **décider**. Je pose la question **Qui est-ce qui décide ?** C'est **je**. Je le laisse comme cela.

Il s'apprête à reculer mais la **VIRGULE** lui saute au nez. Prudent, il s'arrête :

– Je peux passer la **VIRGULE** puisque tout est juste depuis le **POINT**.

Nina applaudit. Hugo est fier et se sent de plus en plus à l'aise.

– Nina, même en pleine nuit, je m'éclate avec la marche arrière, tout devient simple et rapide.

Il stoppe la machine sous le **é** de **hésité...**, il recule et trouve **sans**. Hop, hop, hop ! bouton des **QUADRUPLÉS MINUSCULES**. Le Minuscule **SANS** se présente. Hugo confirme son choix de l' **INFINITIF**. Le bras change le **é** en **e** et dépose un **r** à **hésiter**.

À force de travaillé... pour surmonté... ses difficulté...,
Hugo, sans hésiter,

Hugo passe avec succès les deuxième et troisième **VIRGULES**. Tout est bon depuis le **POINT**. Il arrête la machine sous le **é** de **difficulté...**. Il réfléchit tout haut :

– Je peux dire **une difficulté**, donc je peux mettre un **e** et comme il y en a plusieurs, je mets un **s**. Je rajoute donc **es**.

– Là, exceptionnellement, Hugo, je vais le faire à ta place. Nous verrons cela avant l'évaluation, je te le promets.

D'un coup de baguette, Nina ajoute un **s** au **é** de **difficultés**.

Hugo aurait bien mis un **e** en plus, mais Nina a toujours raison. Il n'insiste pas et reprend sa marche arrière. Il s'arrête sur le **é** de **surmonté...**. Il recule, trouve **pour**, et appuie sur **QUADRUPLÉS MINUSCULES**. Le Minuscule **POUR** sort avec sa pancarte **INFINITIF**. Hugo change le **é** et **e** et met un **r** à **surmonter**.

À force
pour surmonter
À
DE
D'
POUR
SANS

De plus en plus en confiance, il s'arrête sous le **é** de **travaillé...**, recule et trouve **de**. Il active la trappe et le Minuscule **DE** apparaît une nouvelle fois. Le bras télescopique change le **é** en **e** et place un **r** à **travailler**.

Hugo a presque fini la phrase :

– **Force**, c'est bon, il s'écrit avec un **c**, se souvient-il. Je ne peux jamais écrire un mot avec trois consonnes qui se suivent. **F-O-R-S-S-E**, ce n'est pas possible. N'est-ce pas, Nina ?

La petite fée lui sourit en signe d'approbation.

– Et le petit dernier, le **à** ? demande Hugo.

Le dernier petit personnage **À** lui fait des grands signes :

– C'est moi ! C'est moi ! Je porte toujours une casquette sur la tête et je n'ai aucun rapport avec **AVOIR**, lui dit-il. Essaie donc de me remplacer par **avait**.

– **Avait force de travailler**, ça ne marche pas, dit Hugo.

– Eh oui, tu dois donc me laisser ma casquette sur la tête !

Les feux de la machine à réparer les mots sont passés au vert. Cette fois encore, Hugo est persuadé que la machine lui a fait un clin d'œil. D'un coup, l'hélice arrière se met à tourner et la machine décolle. Elle fait le tour de la phrase pour manifester sa joie, puis se pose à côté d'Hugo qui n'en revient pas.

LES QUADRUPLÉS MINUSCULES SONT DE RETOUR !

CONSIGNE : JE LIS LA PHRASE DE GAUCHE À DROITE, JE LA COMPRENDS. PUIS JE ME CORRIGE EN RELISANT DU POINT VERS LA MAJUSCULE.

1. **J'irai me couché…directement sans mangé…**
2. **Pour sauté… dans le vide, Hugo doit s'accroché… à son volant.**
3. **Nina réussit à démarré… la machine à remonté… les mots.**
4. **Tu as su me convaincre d'aidé… ton ami Hugo.**
5. **Pour terminé… la relecture de la dictée, tu devras joué… encore un peu avec moi.**

Règle d'or

Les quadruplés Minuscules, les voici, les voilà : le À, le DE ou D', le POUR, le SANS !

Ou pour mieux t'en souvenir tu peux aussi dire À DEUX %. Dès que tu les trouves, mets ton verbe à l' INFINITIF !

Si j'écris DEUX et non pas DE, c'est tout simplement un petit moyen pour me souvenir que chez les quadruplés Minuscules le DE peut aussi s'écrire D'.

À force de travailler pour surmonter ses difficultés, Hugo, sans hésiter, décide de jouer avec les mots.

C'est la joie dans la chambre d'Hugo. Nina donne le signal du départ.

– Nina, je voulais te dire un grand merci. J'adore résoudre les énigmes avec tes techniques incroyablement simples. Ah ! si seulement, la maîtresse te connaissait…

Nina lui sourit.

– Allez, va te recoucher. Ma mission n'est pas terminée. À très vite mon cher Hugo.

Avant que le sommeil l'emporte, Hugo s'enroule avec bonheur dans sa couette et jette un coup d'œil au réveil : il lui reste deux bonnes heures avant de se lever. Il ferme les yeux et revoit les quadruplés. Il sourit, et se dit tout bas : « C'est un chouette nom de groupe qu'ils ont, les **À DEUX %**. » (entraîne-toi p.60-61)

De son côté, Nina n'a rien voulu montrer, mais elle est inquiète. Elle se demande bien comment elle va expliquer à Hugo que le mot **difficulté** s'écrit avec **é** et la **poignée** avec **ée**. Il lui faut trouver de l'aide le plus vite possible pense-t-elle en filant vers la constellation du Grand Chien, droit vers Sirius. Vue de la Terre, Sirius est l'étoile la plus brillante après le Soleil. C'est là, elle en est certaine, qu'elle trouvera une explication éclairante sur les noms féminins qui se terminent en **é** ou en **ée**.

EXERCICE 4

RÉPONSES

1. J'irai me coucher directement sans manger.

2. Pour sauter dans le vide, Hugo doit s'accrocher à son volant.

3. Nina réussit à démarrer la machine à remonter les mots.

4. Tu as su me convaincre d'aider ton ami Hugo.

5. Pour terminer la relecture de la dictée,
tu devras jouer encore un peu avec moi.

RAPPEL

↑ = le verbe le plus près du point
→ toujours **INFINITIF**

CHAPITRE 8

Nina joue avec le temps

Nina n'a jamais été sur Sirius mais elle en a entendu parler. Il paraît que la reine de l'orthographe s'y rend régulièrement pour se ressourcer et réviser l'écriture des mots. Avec ce grand voyage, Nina espère trouver une solution pour aider Hugo.

– C'est quand même incroyable que les mots féminins précédés de l'article **la** s'habillent comme bon leur semble. Parfois avec un **e**, comme **la bouée**, et d'autres fois sans **e**, comme **la santé**. Vraiment, la reine de l'orthographe est gonflée ! Elle pense avoir la science infuse ! De quel droit décide-t-elle de nous tendre des pièges ? Elle choisit tout. Un **p** ou deux, un **m** ou deux... C'est Madame-je-veux-que-ce-soit-correct ! ronchonne Nina. Ah ! si seulement je l'avais en face de moi, je lui dirais ses quatre vérités !

La petite fée est presque arrivée, elle ralentit sa course folle. Éblouie par une lumière d'une intensité inédite, elle se pose en douceur. Immédiatement, elle se sent bizarre. Quelque chose ne tourne pas rond. Elle est déboussolée, elle ne sait ni l'heure qu'il est, ni si c'est le jour ou la nuit. Sans ses repères, elle est perdue.

Elle tente d'ouvrir les yeux malgré la puissance de la lumière et distingue une tache noire qui semble s'approcher. Informe, cette sorte de fumée épaisse vient droit sur elle. Nina, pourtant très audacieuse, est paralysée par la peur.

– La fumée..., se dit-elle, et si...

– Bonjour, Nina, bienvenue chez moi. Je suis la reine de l'orthographe, la maîtresse des mots. Que me vaut l'honneur de ta visite ?

Nina, interloquée, peine à parler. Elle a le cerveau embrumé.

– Eh bien ! petite, reprend la reine, remets-toi vite de ton long voyage car je suis débordée et je n'ai que très peu de temps à t'accorder.

– Reine de l'orthographe, dit Nina en pliant un genou, tête baissée, je suis venue jusqu'ici pour vous poser une simple question : pourquoi avez-vous décidé que certains mots féminins se terminent en **é** et d'autres en **ée** ? C'est quand même bizarre !

La reine de l'orthographe se redresse.

– Dis-donc, petite fée, sais-tu à qui tu t'adresses ? C'est moi, et moi seule, qui décide. Un point c'est tout ! Et je croyais que le Troglo-temps t'avait déjà appris tout cela.

Nina est confuse. Elle avait complètement oublié cette aventure. Hugo aussi apparemment. La petite fée se ressaisit :

– S'il vous plaît, aidez-moi. Je ne m'en souviens plus… Je dois sortir un ami de ses tracas orthographiques quotidiens. Dès qu'il prend son crayon pour écrire, il a l'impression que vos sbires le surveillent. Pour lui, c'est devenu mission impossible, il n'en peut plus.

Cette fois, la reine semble touchée.

– Bien, bien, bien. Je vois, petite fée. Je vais t'expliquer une nouvelle fois, suis-moi.

Nina se retrouve enveloppée dans la fumée noire qu'elle avait aperçue plus tôt. C'est cette fumée qui permet à la reine de se déplacer sur Sirius. Quelques secondes plus tard, voilà Nina plantée devant une énorme horloge. La dernière fois qu'elle en a vu une, c'était Big Ben à Londres.

– Il est hors de question que je change l'orthographe, reprend la reine, mais je peux te rafraîchir la mémoire pour aider ton ami.

– Merci, ma reine, répond Nina qui se dit que, finalement, même si Sa Majesté est têtue, elle a un grand cœur.

Nina s'installe pour écouter très attentivement.

– Tout d'abord, tu dois te souvenir que tous les mots qui représentent quelque chose de concret, de réel, de certain, c'est-à-dire que tu pourrais toucher ou saisir, prennent un **e** après le **é**. C'est simple non ? Si je te dis, par exemple, **la fumé…**, pourrais-tu la toucher ?

– Oui, répond Nina. Elle est toute légère et parfois peu visible, mais elle est réelle.

– Alors, que vas-tu faire, petite fée ?

– Je vais mettre un **e** à **la fumée**.

– Parfait ! Si je te dis **la boué…**.

– Oui, je peux la toucher ! Les Terriens l'utilisent pour les enfants qui ne savent pas encore nager, et elle sert aussi de repère aux bateaux pour naviguer. Je mets donc **e** à **la bouée**.

Nina, qui cogite aussi vite que la lumière, obtient rapidement une liste de mots qui finissent en **ée**. Elle se lance : « **La poignée**, **la cheminée**, **la vallée**, etc. »

– Parfait, petite fée ! Je vois que tu te rappelles du grand principe. Maintenant, je vais t'amener à voir un peu plus loin que le bout de ton nez… Si je te dis **la pensé…** ?

– Je ne lui mets pas de **e** car **la pensé…** ne peut pas être touchée. Elle est dans ma tête, mais elle n'est pas visible.

– Hum hum, je ne suis pas d'accord avec toi, corrige la reine… Tu peux la trouver dans un jardin.

Nina rougit, elle n'aurait pas dû aller si vite :

– Vous avez raison, reine de l'orthographe, **la pensé…** est aussi une fleur. Je mets donc un **e** à **la pensée**.

Nina s'agite. Elle souffre terriblement de la lumière omniprésente qui règne en ces lieux. Elle est déjà prête à partir quand la reine s'en aperçoit, grimace et la retient.

– Eh, petite fée, ce n'est pas terminé ! Sois un peu patiente, voyons ! Les mots féminins prennent un **e** lorsqu'ils renvoient à la notion du temps qui passe ou à une heure précise. Comment appelle-t-on sur Terre le mouvement de la mer qui va et qui vient, qui se retire et qui se rapproche ?

Nina réfléchit. Elle pense aux vagues, mais ce n'est pas cela, le mot ne se termine pas en **é** :

– **La marée**, répond Nina d'une toute petite voix.

– Oui, c'est cela. Il y a chaque jour une heure précise pour la marée. Les Terriens la connaissent. Elle est même affichée le long des plages. Et si l'heure de la marée est passée, où vas-tu aller acheter ton poisson ? À la… ?

– **Criée** ! s'exclame Nina.

La reine esquisse un sourire. Elle aimerait bien que Nina se trompe, mais elle est forte cette petite fée. La reine de l'orthographe s'approche de l'horloge :

– Maintenant, tu vas me montrer ce que tu sais faire, Nina.

La petite aiguille du temps ramasse alors la petite fée sur son passage. Nina se retrouve d'abord suspendue dans le **VIDE** avant de se hisser sur la pièce centrale de l'horloge. Elle a peur, son cœur bat très vite, mais elle rassemble son courage. Après tout, il le faut pour aider Hugo !

La reine lui demande alors :

– Nina, fais tourner les aiguilles sur le cadran et montre-moi ce que les Terriens appellent **la matinée**.

Nina se concentre. Les humains considèrent que la matinée va du lever du Soleil jusqu'à midi. De toutes ses forces, elle fait bouger les aiguilles.

– Parfait, tu as compris. Il te reste cinq mots à trouver. Creuse-toi un peu la tête. Ils sont liés au temps qui passe.

La reine s'envole.

Nina, courageuse, continue de faire bouger les aiguilles et marque les heures qu'elle estime être celles de **la soirée**, de **la veillée** et de **la nuitée**. Pour marquer **la journée** et **la durée**, elle s'amuse en faisant deux fois le tour complet du cadran.

La reine est revenue sans faire de bruit.

– Bravo, petite fée. Tu n'as rien oublié ! Maintenant, je vais te faire deviner tous les mots qui correspondent à une heure précise.

Une véritable partie de ping-pong s'engage alors entre elles deux :

– Si le facteur passe toujours à la même heure, c'est qu'il fait sa… ?

– **Tournée**, répond Nina, ravie de ce nouveau jeu.

– Et pour que le courrier parte à l'heure, il te faut surveiller l'heure de la… ?

– **Levée** ! crie Nina.

La reine, toujours aussi sérieuse, continue :

– Voyons de quoi tu es capable : si tu t'équipes d'une bouteille d'oxygène et de palmes, c'est que tu vas faire de la ?

– **Plongée**, répond Nina. Pour le plongeur, il est bien question d'un temps précis. Il doit surveiller l'oxygène de sa bouteille.

– Bien, Nina, ici il s'agit vraiment de précision, du temps qui s'écoule... N'oublie plus jamais cela.

– Oui. Mais, cela me fait penser à un mot : **la vérité**. Je ne peux pas la toucher, réfléchit à voix haute la petite fée. Je laisse **la vérité** avec son **é**.

– Et **la quantité** ? **La célébrité** ? **La santé** ? demande la reine.

Nina adore ce moment et reste extrêmement attentive.

– Je ne peux toucher aucune des trois. Donc pas de **e**, juste un **é** !

– Et **la porté_...** ? demande la reine.

Nina prend quelques secondes pour se creuser la tête et réfléchit tout haut. Elle sent le regard de la reine sur elle, mais elle ne se laisse pas impressionner :

– Voyons, voyons..., je connais **la porté_...** qui sert à écrire les notes de musique. Elle, je peux la toucher. Et je connais aussi **la porté_...**, lorsque, par exemple, une chatte met bas. Je pourrais caresser ses petits. Alors je mets **ée** à **la portée**.

La reine tourbillonne, s'enveloppe de fumée et, pouf, disparaît. Nina comprend que la leçon est terminée et que la reine est repartie s'occuper de son royaume. Notre petite fée n'a plus qu'à foncer retrouver Hugo pour tout lui expliquer.

CHAPITRE 9

Le roi AVOIR a bien vieilli

Nina est derrière le vieil et énorme platane qui trône sur le trottoir en face de l'école d'Hugo. Elle sourit en repensant à quel point il adore piétiner les feuilles mortes et les entendre craquer sous ses pieds. La cloche sonne. Nina doit absolument attraper son ami à la sortie. Elle l'aperçoit, entouré de plusieurs camarades de classe. Ils discutent gaiement. Elle est ravie qu'il retrouve petit à petit le moral. Les copains se séparent et notre petit héros se dirige seul vers l'arrêt de bus.

« C'est le moment », se dit Nina.

Et la voilà qui virevolte au-dessus d'Hugo. D'un coup de baguette magique, ils s'envolent tous les deux vers une contrée lointaine. Nina a activé le mode « Voyage express ». Elle tient son petit compagnon, qui n'en revient pas, par la main.

Soudain, Hugo fait un signe de tête à Nina. Futée, elle devine que son compagnon a reconnu le paysage familier qui défile sous leurs pieds. Hugo a raison, il est déjà venu dans la région.

Hugo le voit au loin et le reconnaît. Son cœur se met à battre très fort. Oui, il en est sûr, ce sont les grandes tours du château du roi **AVOIR**. Nina amorce alors la descente et ils atterrissent au pied du pont-levis. Hugo est fou de joie. De nombreux souvenirs lui reviennent. Il se demande si le caractère du roi a changé… Il se souvient de lui comme d'un homme grincheux et très exigeant.

– Cela fait si longtemps ! s'exclame-t-il. Mais que faisons-nous là ?

– Ne t'offusque pas mais quelques rapides révisions des accords avec le roi **AVOIR** s'imposent pour la dictée de demain. D'ailleurs, avant que nous soyons reçus au château, nous allons prendre quelques instants pour que je te fasse un petit rappel d'une autre astuce. Assieds-toi sur le muret et ouvre grand tes oreilles.

Hugo met son pouce en avant, signe qu'il est prêt.

– Comment écrirais-tu **la bonté...,** Hugo ?

– Avec un **e** au bout, **la bontée...,** c'est féminin, répond-il.

Nina fait la grimace et Hugo comprend tout de suite qu'il n'a pas dû donner la bonne réponse.

– J'ai très peu de temps pour t'en parler. Mais, souviens-toi, nous l'avions déjà appris une fois : les mots féminins qui se terminent par le son **é** prennent parfois un **e** et parfois pas. Et que si tu ne peux pas toucher de ta main ce que représente le mot, alors il ne faut jamais lui mettre un **e**.

– C'est super ! s'exclame Hugo. Comme je ne peux pas toucher la **bonté**, je laisse le mot sans mettre un **e**. Tu peux m'en donner d'autres Nina ?

– Vite alors, nous devons honorer notre rendez-vous.

Nina se lance :

– **La santé** ?

– **é** répond Hugo, je ne peux pas la toucher.

– Bravo ! **La clarté** ?

– **é**. Et **la vérité** ?

– **é**, réplique Nina. Tu vois, c'est simple, et tu as déjà de quoi écrire énormément de mots qui se terminent par le son **é** précédés de **la** ou même d'un **l'**.

Hugo ouvre de grands yeux. Nina comprend qu'il se souvient de leur rencontre avec le Troglo-temps et cherche un mot quand, tout à coup, il lui demande :

– **L'arrivé...** ? avec ou sans le **e** ?

Nina lui sourit :

– *Je savais bien que tu essaierais de me piéger, Hugo. Je peux prendre dans ma main la ligne d'***arrivée***. Toujours* **ée***. Il y a des exceptions quand il est question d'un temps ou d'une heure précise. Les mots finissent toujours en* **ée***.*

– Comme **la matinée** ?

– Exactement, petit futé. Allez hop, hop, hop ! Nous devons entrer.

Hugo baisse la tête.

– Allons, allons ! C'est pour que ton évaluation soit parfaitement réussie.

Tous deux s'approchent de la porte du château. L'énorme anneau, solidement accroché à la porte, est toujours là. Hugo se souvient qu'il faut taper trois fois et frappe de toutes ses forces, puis recule et attend. Nina continue de virevolter et en profite pour piquer vers les douves. Elle a aperçu un petit écureuil et lui donne une caresse de fée. Des pas se font entendre. Nina revient se positionner aux côtés d'Hugo.

Le bruit familier de clés qui s'entrechoquent leur arrive aux oreilles. Les portes battantes s'ouvrent, poussées par deux petits bonhommes, minuscules. Hugo les reconnaît (comment pourrait-il les oublier ? Ils sont venus en personne dans sa chambre et en pleine nuit). Il s'agit de **À** et **POUR**. Notre héros s'apprête à les saluer, mais Nina lui fait signe qu'il ne doit pas se manifester. Cela n'empêche pas Hugo de leur adresser un joli sourire et un petit clin d'œil complice, auxquels les deux compères répondent. Hugo comprend que c'est ici qu'ils vivent, en sécurité, dans le royaume du roi **AVOIR**. Il espère vraiment croiser les deux autres, **SANS** et **DE**.

Hugo et Nina s'approchent de la salle royale. Hugo l'aperçoit enfin. Le roi **AVOIR** semble endormi. Hugo a du mal à le reconnaître. Ses cheveux ont poussé et cachent la moitié de son visage. Cette longue chevelure, complètement blanche, lui tombe sur les épaules. Il lui fait un peu penser au Père Noël. Son trône, entouré de deux gardes, est positionné en haut de trois marches de marbre et est encadré par **SANS** et **DE** ! Notre héros constate aussi que le visage du roi est parsemé de profonds sillons, marques du temps qui passe. Ses mains sont complètement tordues. Le son de la trompette dans laquelle souffle le petit **SANS** sort le roi de sa torpeur. Il sursaute, ce qui fait rire Hugo.

– Roi **AVOIR** ! annonce **SANS**, vous avez de la visite.

– Mais qui êtes-vous ? demande le roi.

– Je suis Hugo, roi **AVOIR**, et voici Nina, la fée de l'orthographe et de la grammaire.

– Hugo, prononce-t-il d'une voix affaiblie. Voyons, voyons... Mais oui, bien sûr, je me souviens. Que tu as grandi ! lui dit-il avec un joli sourire.

Hugo se retient pour ne pas lui dire que, lui, il a vraiment beaucoup vieilli. Nina le devine et lui fait les gros yeux.

– Que veux-tu, petit ?

Nina s'avance et prend la parole.

– Nous sommes venus pour faire quelques révisions avec vous, roi **AVOIR**. Le temps a passé et Hugo en a besoin.

– Je m'en doutais ! s'écrie le roi. J'ai appris que vous vous étiez rendus sur Sirius.

– C'est vrai, confirme Nina.

– La reine de l'orthographe est venue me rendre une petite visite et m'a aussi informé que vous aviez passé votre permis de conduire sur Gaïlaya, n'est-ce pas ?

Nina est furieuse. La reine est vraiment au courant de tout, tout le temps ! Elle aurait pu se taire Madame-la-reine-je-suis-une-commère. Quant à Hugo, il ouvre de grands yeux étonnés et sourit. Il attend la suite.

– Oui, roi **AVOIR**, répond Nina, et je l'ai eu du premier coup. La machine à remonter les mots n'a plus aucun secret pour moi.

Hugo est stupéfait. Quelle cachottière cette Nina, pense-t-il.

– Nina, je me suis douté que vous pourriez aussi avoir besoin de révisions concernant les accords que je demande quand je suis dans les phrases. Avec la reine, nous avons décidé de vous aider en installant cette nuit un programme spécial sur la machine à remonter les mots qui dort paisiblement sous le lit de votre compagnon.

– Nous avons fait tout ce long voyage pour rien ?

– Non, j'ai une surprise pour Hugo. Mais d'abord, je lui décerne le prix du courage, de la ténacité…

Hugo lui coupe la parole :

– **La ténacité** ? Je ne sais même pas ce que veut dire ce mot !

Un éclat de rire général emplit la salle royale. Même le roi **AVOIR** s'esclaffe.

– Cela veut dire que tu es persévérant et que tu n'abandonnes pas, même quand c'est difficile.

– Et en plus, je ne peux pas y toucher **la ténacité**, alors je laisse le mot avec un **é** !

Le roi lance un regard interrogateur à Nina, qui lui répond par un grand sourire.

– Bravo ! s'exclame le roi, je vois que le message de ta fée préférée est passé. Tu es brillant, Hugo. Maintenant, il faut t'entraîner à utiliser ce nouveau programme. Gardes ! Ouvrez grand les portes de la salle du trône et faites entrer la machine.

Lorsqu'Hugo voit la machine s'approcher, il en tombe à la renverse. Elle est absolument énorme, monumentale ! Elle s'arrête. Hugo sait maintenant qu'il avait raison : qu'elle soit petite ou grande, la machine communique avec lui. Elle vient de lui faire un clin d'œil.

– Allez, petit ! Grimpe et montre-moi ce que tu sais faire lorsque je suis dans les phrases, lance le roi **AVOIR**. J'espère que tu te souviens de ma question, celle qui fait que tu ne te tromperas plus jamais pour accorder avec moi. Un petit conseil : bloque-moi dans la phrase.

Hugo ne comprend pas le message que le roi **AVOIR** vient de lui délivrer mais il ne se fait pas prier. Il escalade l'énorme machine et se place sur le siège conducteur. Il n'en connaît pas le maniement mais il a observé ses parents au volant. Rien ne lui fait peur. Il pose son pied sur l'accélérateur et dirige habilement la colossale machine.

Elle se stationne sur le **POINT**. La lumière s'estompe et une phrase apparaît. Hugo cherche du regard les yeux du roi **AVOIR**. Autrefois, il le regardait faire et lui faisait quelques petits signes pour l'aider. Visiblement, le roi **AVOIR** s'est endormi. Il ronfle tellement fort, que cela couvre le bruit de la machine.

Hugo a gagné….

Hugo enclenche la marche arrière et s'arrête sous le **é** de **gagné…**. Il recule encore pour chercher de l'aide et trouve **a**.

– **AVOIR** est là. Attention ! Il me faut le coincer dans la phrase pour éviter qu'il me tende un piège. C'est probablement ce qu'il voulait dire, pense Hugo.

Mains sur le volant, les yeux rivés sur la phrase, Hugo est motivé. Il jette un œil au tableau de bord et découvre un nouveau bouton avec la bobine du **ROI AVOIR**. Il appuie, impatient de voir quelle trappe va s'actionner et ce qui va en sortir.

Le bras électronique apporte un mur sur un plateau. Soudain, la machine ne lui obéit plus : le roi **AVOIR**, qui vient tout juste de se réveiller, a pris les commandes. Hugo n'a qu'à observer :

– **Qui est-ce qui a gagné… ?** demande le roi **AVOIR**. C'est **Hugo**. Et maintenant que le sujet **Hugo** est identifié, il faut prendre le mur et le placer. Il doit toujours être posé après un son **é**, **i** ou **u**. À toi, Hugo !

Notre ami dépose alors le mur après le **é** de **gagné…**.

– Bien, dit le roi, maintenant que tu m'as coincé entre le sujet et le mur, grimpe tout en haut et saute de l'autre côté en criant **Hugo a gagné… quoi ?** Tu verras si la réponse est à tes pieds à l'atterrissage.

– Roi **AVOIR**, je n'ai pas de réponse au pied du mur ! Que dois-je faire ?

– Me laisser tranquille ! File sans te retourner, sans accorder, réplique le roi, qui repique déjà un petit roupillon.

– Alors je file ! s'exclame Hugo, fier de lui en jetant un bref regard vers Nina qui approuve.

Hugo a gagné.

La machine sautille de joie ! Hugo se cramponne au volant et accepte de se laisser faire. Il est un peu secoué, mais il adore ça. Cela lui rappelle les auto-tamponneuses.

Une nouvelle phrase s'affiche au sol.

Hugo a débarrassé... la table après dîner.

Machine arrière, toute ! annonce Hugo. Il laisse défiler les mots : **dîner**, c'est bon, il se souvient que le chapeau sur le **î** est pour lui comme un symbole. Il pense à la nappe ronde : ce mot est juste.

Hugo se revoit dans la cuisine de sa maison, à réviser des listes de mots. C'est sa maman qui lui a appris à repérer une difficulté dans un mot et à l'imager.

Une fois l'image mentale fabriquée, elle lui faisait dessiner ce qui pouvait l'aider à se souvenir de la bonne orthographe. Ainsi, la nappe ronde recouvre la table sur laquelle on dîne comme le chapeau recouvre le **î** de **dîner**. C'est facile !

Nina n'en revient pas. Comment Hugo sait-il cela ? Elle l'arrête et lui demande :

– Qui t'a appris à imager les mots pour te souvenir de leur orthographe ?

– C'est ma reine à moi, ma maman. Elle a réponse à tout, elle aussi.

Hugo raconte alors à Nina comment il a enfin retenu l'orthographe du mot **descendre**. Sa maman lui avait demandé ce qu'il descendait le plus souvent. Sa réponse avait été immédiate : l'escalier. Alors, elle lui avait demandé d'en dessiner un.

D'un coup de baguette magique, Nina reproduit le dessin. Il flotte dans les airs.

– Et qu'as-tu fait après ? demande-t-elle à Hugo.

– J'ai écrit une lettre par marche, comme cela :

Puis j'ai souligné les lettres qui m'aident à me rappeler l'orthographe du mot **descendre** ce sont les trois lettres **esc** qui me permettent d'écrire **escalier** !

Nina est ravie. Elle trouve la maman d'Hugo très ingénieuse.

– Bon ! Ça suffit cette petite discussion entre vous ! s'écrie le roi **AVOIR**. J'attends moi !

Hugo et Nina éclatent de rire, puis notre petit héros se remet au travail. Il arrive sur le mot **après** :

– Ah ! celui-ci, je le connais par cœur, il est presque comme **près** avec un petit **a** en plus, c'est bon ! **Table**, ce mot est bon aussi ; **la**, pareil.

Il stoppe la machine sous le **é** de **débarrassé…**. Il recule et trouve **AVOIR**. Ni une ni deux, il actionne le bouton du **ROI AVOIR** :

– **Qui est-ce qui a débarrassé… la table du dîner ?** C'est moi, **Hugo**.

Il place le mur après le **é** *de* **débarrassé...**.

– **La table du dîner**. *J'ai ma réponse au pied du mur, alors je file ! Je n'ai aucun accord à faire ! s'exclame Hugo.*

Hugo a débarrassé la table du dîner.

*– Nina, je n'ai rien oublié de l'accord d'***AVOIR**. *Je sais faire... mais j'avais un peu laissé tomber la technique. Je n'aurais pas dû, dit-il, confus.*

– Heureuse de te l'entendre dire, Hugo. Tu ne dois plus jamais oublier la méthode que je t'ai enseignée. Tu me le promets ?

– Promis, Nina. Allez, une dernière phrase :

Les secrets de la grammaire que Nina a dévoilé...
seron... bien gardé....

Hugo n'a plus peur de se tromper. Placée sur le **POINT**, *la machine recule. Hugo cherche de l'aide pour le* **é** *de* **gardé...** *en remontant dans la phrase.*

– Je laisse tranquille le mot **bien**. Il est correct. Je m'arrête sur **seron...**.

Hugo est certain qu'il vient de trouver **ÊTRE**. Il essaie rapidement avec **étaient bien gardé...**. Ça marche, donc c'est bien lui. Une question s'impose quand il rencontre le roi **ÊTRE** : **Qui est-ce qui seron... bien gardé...**? **ÊTRE** répond immédiatement : **les secrets de la grammaire**. Hugo n'hésite plus. Il observe le tableau de bord et trouve un nouveau bouton de commande. Le **ROI ÊTRE** est là. Il actionne l'ouverture de la trappe. **Qui est-ce qui seron... ?** Le bras télescopique lui présente un **s** et un **t**.

– Non, pas le **s** ! C'est seulement quand il y a le **nous** !

Alors Hugo sélectionne le **t** et le place délicatement à la fin de **seront**.

Les secrets de la grammaire que Nina a dévoilé...
seront bien gardé...

Hugo repose une deuxième fois la question pour accorder **gardé...** :

Qui est-ce qui seront bien gardé... ? Les secrets de la grammaire. Hugo appuie sur le bouton du **ROI ÊTRE**. Le bras lui présente un tiret – puis un **e** et un **s**.

Un secret, c'est un mot masculin au singulier, et **les secrets**, c'est au pluriel, pense Hugo, et il place alors délicatement un **s** à **gardés**.

Les secrets de la grammaire que Nina a dévoilé...
seront bien gardés.

Toujours très concentré, Hugo recule et s'arrête sur le **é** de **dévoilé...**. Il recule et trouve **a**.

– Tiens, voici **AVOIR**. Je peux dire **avait dévoilé...**.

Immédiatement, il active l'ouverture de la trappe. Le mur se présente.

– **Qui est-ce qui a dévoilé... ?** C'est **Nina**.

Hugo pose immédiatement le mur après **dévoilé...** pour bloquer **AVOIR**. Et il saute.

Notre héros est parcouru d'un long frisson. La réponse à la question **Quoi ?** est **les secrets de la grammaire**. Il lui faut donc demander à la machine de monter en haut du mur et de passer de l'autre côté. Aussitôt pensé, aussitôt fait : la machine sort ses quatre pieds. Hugo se cramponne, ça va secouer ! La machine passe par-dessus le mur et s'arrête au-dessus de **les secrets de la grammaire**. Hugo n'est plus sûr de rien. Quant à Nina, elle se gratte la tête.

– Que se passe-t-il ? demande le roi **AVOIR**, qui sort de sa mini-sieste. Un problème, Hugo ?

– Oui, roi **AVOIR**.

Le roi tente de se lever pour lui venir en aide. Mais sa vieillesse l'oblige à se laisser retomber lourdement sur son trône.

– Ah ! Je suis trop vieux maintenant. J'aurais voulu te montrer que j'étais encore capable de grimper un mur.

Le roi s'interrompt un instant pour reprendre son souffle avant de continuer :

– Puisque tu as dû remonter le mur et sauter de l'autre côté pour trouver la bonne réponse, tu dois accorder. Sache que c'est la seule fois où tu dois le faire. La seule et unique fois. Pour t'en souvenir, dis-toi que tu n'as pas grimpé et sauté de l'autre côté pour des prunes...

Hugo est éjecté de son siège. Il fonce chercher sa réponse : **Les secrets de la grammaire**, puis appuie sur le bouton de la trappe des accords –, **e** et **s**. Comme pour **gardés**, ce sont les secrets qui ont la réponse : **Un secret**, c'est singulier, mais **les secrets**, c'est pluriel. Je prends le **s** pour le pluriel et je le rajoute à **dévoilés**, pense Hugo.

Les secrets de la grammaire que Nina a dévoilés seront bien gardés.

Dans la salle du trône, les gardes sautent de joie. Nina est si heureuse qu'elle virevolte dans tous les sens.

– Tu as réussi, Hugo !

Il est heureux, cela se voit ! Et visiblement, la machine à remonter les mots, qui sautille dans son coin, aussi (entraîne-toi p.84-85).

– Toi, ma chère machine, je te salue bien bas, dit Hugo. Ta sœur miniature m'attend sous mon lit. Je ne t'oublierai jamais.

Malgré les cris de joie, le roi **AVOIR** ne se réveille pas. Il ronfle fort. Les quadruplés Minuscules sont réunis et agitent leur chapeau pour dire au revoir à Hugo tandis que Nina fait signe à son compagnon qu'il est temps de rentrer : ils doivent foncer pour préparer la fameuse dictée.

ZZZZZ

LA BATAILLE

CONSIGNE : JE LIS LA PHRASE DE GAUCHE À DROITE, JE LA COMPRENDS. PUIS JE ME CORRIGE EN RELISANT DU POINT VERS LA MAJUSCULE.

Il était une fois, deux rois qui vivaient dans le royaume des mots. L'un **ÊTRE** était réputé pour être maniable et agréable. L'autre, **AVOIR**, était plutôt exigeant et d'humeur changeante.

Mais saviez-vous qu'un jour, ils se sont retrouvés tous les deux, collés dans la même phrase ?

Ni l'un ni l'autre ne voulait être le perdant. Tous deux voulaient emporter le duel, mais cela n'était malheureusement pas possible.

Alors, la reine des mots a tranché : « À compter de ce jour, je déclare que le roi **ÊTRE** gagnera la bataille contre **AVOIR**. Eh oui ! Je préfère nettement l'été à l'hiver. »

Depuis ce jour, lorsque **ÊTRE** et **AVOIR** se retrouvent ensemble dans la même phrase, c'est toujours le roi **ÊTRE** qui l'emporte ! Il brille, il brille tellement, comme le Soleil lorsque l'**été** est là…

1. **La reine des mots a… été repoussé… par le roi AVOIR.**
2. **Hugo et Nina on… été ravi… de se retrouvé… dans une nouvelle aventure.**
3. **Toutes les feuilles morte… aurai… été aspiré… par une drôle de machine.**
4. **Hugo et les quadruplés on… été ravi… de faire connaissance.**
5. **Les parents d'Hugo on… été reçu… par sa maîtresse.**
6. **Nina a… été ravi… de joué… avec vous !**

EXERCICE 5

RÉPONSES

1 La reine des mots a été repoussée par le roi AVOIR.

2 Hugo et Nina ont été ravis de se retrouver dans une nouvelle aventure.

3 Toutes les feuilles mortes auraient été aspirées par une drôle de machine.

4 Hugo et les quadruplés ont été ravis de faire connaissance.

5 Les parents d'Hugo ont été reçus par sa maîtresse.

6 Nina a été ravie de jouer avec vous !

RAPPEL

↑_| = après À, DE, D', POUR, SANS, le verbe ⟶ à l' **INFINITIF**.

Règle d'or

Pour réussir cette avant-dernière étape, une seule chose à avoir en tête : **habiller correctement le roi AVOIR.** Pour cela, il faut simplement demander : Qui est-ce qui ? Quant au roi **ÊTRE,** Il s'habille toujours en été.

ÉPILOGUE

Silence, les enfants ! Dictée !

Nos deux amis sont rentrés du royaume du roi **AVOIR**. Hugo se demande s'il le reverra un jour. Nina le rassure :

– Il est solide le roi **AVOIR**, ne t'inquiète pas. Il ne disparaîtra jamais. Comment les enfants et les grands feraient-ils sans lui ? Ils ne pourraient plus dire **j'ai ceci, tu as cela**. Non, Hugo, ne t'en fais pas, les deux rois de la grammaire seront toujours à nos côtés. Maintenant, il nous reste à préparer l'évaluation. Tiens, cela me fait penser à quelque chose : **la dicté...**, avec ou sans **e** ?

– Avec un **e** ! **la dictée**, elle est sur le papier, je peux la toucher, dit Hugo.

Il aurait volontiers plongé dans son lit, mais la petite fée en a décidé autrement. Elle a déposé à côté d'elle le cahier des misères d'Hugo, là où sont rédigées toutes ses dictées depuis la rentrée. Rien que d'y penser, Hugo a le cœur lourd.

– Bien, j'ai enquêté, dit Nina. Visiblement, toutes les dictées sont d'une longueur similaire. Alors, j'ai inventé un texte pour toi du même nombre de lignes. Es-tu prêt à réviser ?

Hugo soupire :

– Je n'ai pas envie de faire cela maintenant.

– Mais, Hugo, je ne vais pas te laisser le choix ! Fais-moi confiance jusqu'au bout ! Tiens, voici un cadeau pour te récompenser de tous tes efforts. Ce crayon est magique, il vibrera dès que tu hésiteras.

En découvrant son cadeau, Hugo se jette au cou de la petite fée.

– Merci, merci mille fois, Nina. J'aurai le droit de l'utiliser à l'école ?

– Non, Hugo. Mais tu verras que si tu t'accordes quelques secondes pour fermer les yeux, et souffler deux ou trois fois avant la dictée, tout ira bien. Surtout, promets-moi que lorsque tu hésiteras sur une fin de mot ou son orthographe, tu feras un trait à l'endroit précis où tu as un doute. Ainsi, à la relecture, tu reviendras sur tes hésitations et tu trouveras la solution. Tu es malin, Hugo, ne l'oublie jamais.

Nina a projeté une feuille de cahier sur le plancher de la chambre. Hugo n'a plus qu'à se mettre à genoux.

– Et ma machine à remonter les mots, je pourrai l'utiliser demain ?

– D'après toi ?

– Je crois que non.

– Exactement. Cette machine devra rester dans ta trousse. Rien que de la voir, tu seras rassuré. Et tu sais faire maintenant. Allez, plus de temps à perdre. Le jour va bientôt se lever !

Muni de son crayon intelligent, Hugo est prêt.

– Souligne tous les sons **é**, **i** et **u** que tu rencontreras, Hugo. Tu y reviendras après. Tu pourras faire pareil demain au moment de la dictée. Tu as parfaitement le droit d'hésiter. Il vaut mieux ne rien mettre au bout des mots tant que tu n'es pas certain du résultat. Alors, cette fois, tu es prêt ? C'est parti pour le grand saut ? Je dicte et tu écris :

Dans la forêt

La semaine passé..., nous avons marché... longtemps dans une allé... déserte. Le nez au vent, j'ai vu... une biche. Apeuré..., elle s'est arrêté.... J'aurais voulu... touché... ses oreilles. Mais l'animal a reculé.... Alors, mains en avant, je les ai tendu... vers elle, pour la rassuré....Elle a décidé..., sans me regardé..., de regagné.... le cœur de la forêt.

Avant de relire le texte, Nina précise :

– Hugo, n'essaie jamais de corriger tes erreurs au moment où la maîtresse relit le texte de la dictée. Ce n'est pas le moment de faire cela. Tu dois être concentré, comme maintenant. Pointe avec ton crayon tous les mots de la dictée pendant que je la relis, y compris les signes de ponctuation. Tu connais maintenant l'importance d'une **VIRGULE**, n'est-ce pas ? C'est un **STOP** obligatoire, lui dit-elle. Une fois le pointage terminé, tu pourras te lancer dans la correction, mais en marche arrière. Tout cela tranquillement, comme si tu activais ta machine à remonter les mots et, tu verras, tout te reviendra en mémoire.

Après avoir relu le texte, Nina reprend :

– Je dois te laisser, Hugo. Prends le temps qu'il te faudra. Je te promets que, demain, je serai là, cachée derrière mon arbre, à la sortie de l'école. Tu me raconteras tout. D'accord ?

– Oui, Nina. Je vais suivre tous tes conseils. J'aurais préféré que tu restes à mes côtés.

Mais Nina a pris sa décision. Elle entrouvre légèrement la fenêtre de la chambre d'Hugo et fonce vers le ciel.

Malheureusement, la petite fée n'a pas pensé une seule seconde qu'Hugo était fatigué par le voyage et les exercices de conduite sur l'énorme machine du royaume des mots.

Notre petit héros s'est d'abord frotté les yeux, puis a décidé de s'allonger quelques minutes. C'est son réveil qui l'a tiré d'un merveilleux rêve. Hugo est complètement paniqué. Le soleil n'est pas encore levé, mais il sait que le jour de l'évaluation est arrivé. Et il n'a rien révisé de la dictée que lui a préparée Nina. Elle va sûrement être en colère !

Furieux après lui, il prépare son cartable, glisse la machine à remonter les mots dans sa trousse, descend quatre à quatre les escaliers, salue rapidement ses parents et sort en claquant la porte derrière lui.

– Eh bien ! Il est décidé notre fils, s'exclame son père.

– Oui ! Il y a longtemps que je ne l'ai pas vu aussi pressé d'aller à l'école, reprend sa mère, un léger sourire sur les lèvres. Mais, dis-moi, ce n'est pas aujourd'hui qu'il a sa fameuse dictée ?

– Oui, c'est aujourd'hui, tu as raison.

– Oh… J'ai hâte d'être à ce soir pour qu'il nous raconte comment ça s'est passé.

Madame Geneviève est installée derrière son bureau. La classe est silencieuse. Tous les enfants ont la boule au ventre. Elle les connaît bien et tous semblent inquiets.

– Allez, je vais parler lentement et vous aurez tout le temps de vous relire, annonce-t-elle avec une voix douce et un joli sourire. Voici le titre : **Dans la forêt**.

Hugo est stupéfait ! « C'est sûrement la même dictée que celle de Nina hier soir », pense-t-il, encore plus dépité de ne pas avoir pu la travailler. Mais il reconnaît les premiers mots et sa confiance revient. Il ne perd pas une miette de ce que dicte la maîtresse et se concentre un maximum pour ne pas oublier de mots. Partout où il hésite, il souligne d'un petit trait les **é**, **i** et **u**, comme Nina lui a appris.

Toujours sur les conseils de Nina, il pointe tous les mots et la ponctuation. Et c'est armé d'un courage incroyable qu'il se lance dans la relecture. Il entrouvre sa trousse, regarde sa machine à remonter les mots. Elle est là, et lui fait un clin d'œil ! Hugo sourit et se lance, certain qu'il ne laissera aucune erreur sur son passage.

L'heure de la récré sonne. Madame Geneviève se lève et ramasse tous les cahiers. À la hauteur d'Hugo, elle s'arrête.

– J'espère que tu as réussi, Hugo. Je t'ai vu pointer les mots, c'est une excellente idée !

– Merci, répond-il, fier que la maîtresse s'intéresse à lui.

– Vous aurez les résultats demain. Allez, file rejoindre tes camarades !

Hugo ne se fait pas prier. Il se lève et quitte la classe.

De son côté, Madame Geneviève commence à corriger les dictées. Elle pose la pile des cahiers sur son bureau. Pas très loin, assise sur le rebord de la fenêtre, la petite fée guette.

La maîtresse ouvre délicatement le cahier d'Hugo. Nina s'approche et regarde par-dessus l'épaule de Madame Geneviève, qui ne peut évidemment pas s'en rendre compte. En un coup d'œil, Nina a déjà relu tout le texte écrit par son ami (toi aussi, fais la dictée p.91-94).

Alors, devinez ! Comment s'en est sorti notre petit héros ?

EXERCICE 6

LE GRAND FINAL !

CONSIGNE : JE REPREND LA DICTÉE D'HUGO ET JE LA CORRIGE.
À MON TOUR, MAINTENANT, DE REPARTIR DU POINT FINAL
ET DE REMONTER TOUT EN HAUT, JUSQU'À LA MAJUSCULE.

Dans la forêt

La semaine passé... (14), nous avons marché... (13) longtemps dans une allé... (12) déserte. Le nez au vent, j'ai vu... (11) une biche. Apeuré... (10), elle s'est arrêté.... (9) J'aurais voulu... (8) touché... (7) ses oreilles. Mais, l'animal a reculé.... (6) Alors, mains en avant, je les ai tendu... (5) vers elle, pour la rassuré.... (4) Elle a décidé... (3), sans me regardé... (2), de regagné.... (1) le cœur de la forêt.

À MOI DE GAGNER !

RÉPONSES

Voici les quatorze accords qu'Hugo a retrouvés grâce à la relecture à l'envers :

1 Regagner

Il y a **DE** *(un des quadruplés Minuscules), donc je mets automatiquement l'* **INFINITIF** *en* **er** *et je peux passer la* **VIRGULE***, tout est juste.*

2 Regarder

Je recule et trouve **SANS** *(un des quadruplés Minuscules), donc je mets l'* **INFINITIF** *en* **er** *automatiquement.*

3 Décidé

AVOIR *est là.* **Qui est-ce qui a décidé... ?** *Réponse :* **Elle***. Je pose le mur après* **décidé...**. **Elle a décidé... quoi ?** *La réponse est au pied du mur :* **de regagner le cœur de la forêt***. Je file ! Pas d'accord à faire. Je prends ma réponse et je m'en vais !*

4 Rassurer

Je recule, je trouve **POUR** *(un des quadruplés Minuscules), donc je mets l'* **INFINITIF** *en* **er***. Je peux passer la* **VIRGULE***, tout est juste.*

5 Tendues

Je recule et trouve **ai***.* **AVOIR** *est là.*
Qui est-ce qui a tendu... ? *C'est* **je***. Je place le mur après* **tendu...**. **J'ai tendu... quoi ?** *Réponse :* **les** *qui se rapporte à* **les mains***. J'ai remonté le mur, donc j'accorde.* **Une main***, je mets un* **e***,* **les mains***, j'ajoute un* **s** *:* **tendues***.*

6 Reculé

Je m'arrête, je recule et je trouve **a***.* **AVOIR** *est là.* **Qui est-ce qui a reculé... ?** *Réponse :* **l'animal***. Je place le mur après* **reculé...**. **L'animal a reculé... quoi ?** *Cela n'a pas de sens !* **AVOIR** *ne répond pas, je file, je le laisse tranquille.*

7 Toucher

Je m'arrête, je recule, je trouve **voulu...**. *C'est un verbe.* **Touché...** *est aussi un verbe. Quand deux verbes sortent ensemble dans la phrase, le plus près du* **POINT** *est à l'* **INFINITIF** *:* **toucher***.*

EXERCICE 6

8 Voulu

Je m'arrête, je recule et je trouve **aurais**. **AVOIR** est là. **Qui est-ce qui aurais ?** C'est **j'**, donc **je**. Je pose le mur après **voulu...**. **J'aurai voulu... quoi ?** Réponse : **toucher ses oreilles**. Je file mon chemin sans me retourner. Je laisse le **u** de **voulu** tout nu !

9 Arrêtée

Je m'arrête, je recule, je trouve **est**. Le roi **ÊTRE** est là. Facile ! **Qui est-ce qui s'est arrêté... ?** Réponse : **elle**. Je mets un **e** à **arrêtée**. Je peux passer la **VIRGULE**. Tout est bon.

10 Apeurée

Je recule et là, je tombe dans le **VIDE** ! La question que je dois me poser est **Qui est-ce qui est apeuré... ?** Réponse : **une biche**. J'ai parfaitement le droit de passer le **POINT** pour aller chercher ma réponse en marche arrière. Je mets donc un **e** à **apeurée**.

11 Vu

Je m'arrête, je recule et je trouve **ai**. **AVOIR** est là. **Qui est-ce qui a vu... ?** C'est **j'** donc **je**. Je pose le mur après **vu...**. J'ai vu quoi ? Réponse une biche. Ma réponse est au pied du mur, je file sans me retourner. Je laisse le **u** de **vu** tout nu !

12 Allée

C'est un mot féminin, on dit **une allé...**. Est-ce que je peux la toucher ? Oui, quand je marche. Alors je pose un **e** à **allée**.

13 Marché

Je recule et je trouve **avons**. Le roi **AVOIR** est là. **Qui est-ce qui avons marché... ?** Réponse : **nous**. Je place le mur après **marché...**. **Nous avons marché... quoi ?** Cela n'a pas de sens. **AVOIR** ne répond pas, je file, je le laisse tranquille.

14 Passée

Je recule, je cherche de l'aide et je suis à nouveau dans le **VIDE**. Pour m'en sortir, je pose la question **Qui est-ce qui est passé... ?** Réponse : **la semaine**. Une semaine, c'est féminin, alors je mets un **e** à **passée**.

À MOI DE GAGNER !

Dans la forêt

La semaine passée, nous avons marché longtemps dans une allée déserte. Le nez au vent, j'ai vu une biche. Apeurée, elle s'est arrêtée. J'aurais voulu toucher ses oreilles. Mais l'animal a reculé.

QUOI ?

Alors, mains en avant, je les ai tendues vers elle, pour la rassurer. Elle a décidé, sans me regarder, de regagner le cœur de la forêt.

Je sais que vous avez réussi ! Bravo ! Je vous embrasse.

À bientôt,

Nina, la fée de l'orthographe et de la grammaire

Accompagnez votre enfant dans son apprentissage avec les ouvrages d'Anne-Marie Gaignard

Une série de contes ludiques et bienveillants pour emmener vos enfants vers **la réussite scolaire de 7 à 11 ans !**

Pour maîtriser les fautes d'accord

Hugo et les rois Être et Avoir

Pour maîtriser les mots difficiles

Hugo et la roue des mots difficiles

Pour s'entraîner !

Les cahiers (existent en 3-en-1)

Pour savoir se concentrer

Hugo et les clés de la concentration

Pour mémoriser facilement et durablement

Hugo et les secrets de la mémoire

Retrouvez aussi les formations d'Anne-Marie Gaignard sur **Zeneduc.com**

Zeneduc Teach & Learn

Le Robert

En savoir plus sur www.lerobert.com